CM1
Cycle 3

l'Atelier de Lecture

Cahier d'entraînement

Collection dirigée par
Alain Bentolila
François Richaudeau

Martine Descouens
professeur des écoles

Jean Mesnager
professeur d'IUFM

Paul-Luc Médard
directeur d'école

Georges Rémond
IEN

Emmanuël Souchier
professeur des universités

Jean-Paul Rousseau
directeur d'école d'application

Nathan

AVANT-PROPOS

La collection ***L'Atelier de lecture*** propose des outils pour le soutien, l'entraînement et le perfectionnement en lecture. Le ***cahier d'entraînement CM1*** permet de mettre en œuvre une véritable et nécessaire pédagogie différenciée de la lecture et de la compréhension en organisant des ateliers de lecture où chaque élève peut progresser en fonction de ses besoins.

Ce cahier a été conçu en relation étroite avec les outils d'évaluation et d'entraînement de la collection *L'Atelier de lecture* : *Fichier d'évaluation CM1* et *CD-Rom d'entraînement CM1*. Il peut, toutefois, être utilisé indépendamment de ces derniers.

1 LES OPTIONS PÉDAGOGIQUES RETENUES

• **Une répartition claire par domaine**

Le cahier est organisé en **4 domaines** : *Bien lire les mots, Bien lire les phrases, Bien lire les histoires, Bien lire les documents.*

Chaque domaine est décliné en 2 objectifs de lecture visant le développement de compétences qui entrent en jeu dans l'acte de lire.

La page de présentation de chaque domaine permet de faire découvrir aux élèves, à travers une activité ludique, le domaine de lecture qu'ils vont aborder.

Domaine 1 : Bien lire les mots

Objectif 1 : J'identifie des mots

On trouve dans cet objectif des activités mobilisant des procédures de déchiffrage complexes encore fragiles au CM1 (s/z, g/j, groupements de consonnes, segmentation avec nasales) ainsi que d'autres visant à améliorer la reconnaissance orthographique des mots.

Objectif 2 : J'enrichis mon vocabulaire

On cible ici l'enrichissement du bagage linguistique en abordant le champ lexical, les synonymes, les antonymes, la dérivation, les familles de mots ou le sens d'un mot selon son contexte. L'élève s'exerce également à utiliser contexte, définition ou famille de mots pour comprendre le sens de mots d'un registre de langue soutenu ou les multiples sens d'un même mot.

Domaine 2 : Bien lire les phrases

Objectif 1 : Je comprends les phrases (niveau 1)

Ici, l'élève s'entraîne à la compréhension de phrases et de groupes de phrases à la structure syntaxique simple, qu'elles soient courtes ou longues. On aborde dans cet objectif les changements de sens liés à l'ordre des mots, au contexte de la phrase ou encore à l'insertion de mots ou groupes de mots au sein de celle-ci.

Objectif 2 : Je comprends les phrases (niveau 2)

Dans cet objectif, les activités portent sur des phrases et groupes de phrases complexes. L'élève s'entraîne à la compréhension d'unités de sens de plus en plus élaborées. Sont abordés l'articulation au sein de la phrase, la comparaison du sens de plusieurs phrases, ainsi que les changements de sens liés à la ponctuation et au déplacement de groupes nominaux, de connecteurs ou de compléments.

Domaine 3 : Bien lire les histoires

Objectif 1 : Je repère les informations principales d'une histoire

L'élève s'entraîne à repérer dans un texte les éléments explicites qui le constituent : identification des personnages, repérage des lieux, chronologie des actions.

ISBN : 978-2-09-122443-5

Objectif 2 : Je comprends le sens d'une histoire

Tout en approfondissant le travail sur les personnages, les lieux et les temps de l'action, on travaille dans cet objectif le repérage des différentes unités de sens qui composent un texte ; l'élève s'exerce à dégager le sens général d'une histoire, à en saisir l'implicite, notamment au niveau de la psychologie des personnages, de leurs motivations, des relations qu'ils entretiennent entre eux.

Domaine 4 : Bien lire les documents

Objectif 1 : Je repère des informations dans un document

Cet objectif cible le repérage d'informations simples dans des documents organisés sous forme de texte linéaire ou polymorphes (comportant textes, illustrations, tableaux, listes, schémas légendés...).

Objectif 2 : Je comprends et j'utilise les informations d'un document

Toujours à partir de documents de type linéaire ou polymorphes, l'élève s'exerce à repérer et interpréter des informations, à les réutiliser pour compléter d'autres textes ou documents, à croiser les informations de plusieurs sources. À noter que certains documents font l'objet d'une double exploitation (Objectif 1 puis Objectif 2).

• Un entraînement individualisé

L'organisation structurée du cahier permet de prendre en compte l'hétérogénéité de la classe en proposant à chaque élève, à l'intérieur d'un même objectif, des niveaux d'activités en rapport avec ses compétences. Les 4 domaines peuvent être abordés successivement ou en parallèle, selon les besoins des élèves et les choix de l'enseignant.

Dans chaque domaine, les exercices sont déclinés en trois niveaux de difficulté : niveau ★ (simple), niveau ★★ (d'un degré de difficulté légèrement supérieur) et niveau ★★★. Ces derniers proposent des activités plus complexes, requérant des compétences de lecture plus avancées.

• Une vision claire des résultats

À la fin de chaque exercice, un système de codage simple des résultats permet à l'enfant d'apprendre peu à peu à s'auto-évaluer en s'appuyant sur les corrigés (disponibles sur le site www.nathan.fr/atelier-lecture).

En reportant ses scores dans la grille de suivi, il peut visualiser son parcours d'apprentissage, ses réussites et ses faiblesses.

2 CONSEILS D'UTILISATION

• La mise en œuvre des activités de lecture

Les exercices gagneront à être conduits en temps mesuré. Selon la difficulté des consignes, un exemple est proposé. L'enseignant jugera, selon les besoins de ses élèves, s'il doit faire réaliser une partie de l'exercice de manière collective afin qu'ils s'approprient le fonctionnement de celui-ci.

L'utilisation de ce cahier ne se conçoit pas, selon nous, en dehors d'une pédagogie de la lecture qui fait alterner, dans de justes proportions, les activités d'entraînement et les autres activités de lecture (fréquentation du coin lecture ou des bibliothèques, pratique de la lecture suivie...).

• La correction : temps d'élucidation des stratégies de lecture

Si les exercices proposés privilégient naturellement la lecture silencieuse, il nous paraît souhaitable que leur correction puisse donner lieu à l'oralisation de tout ou partie du matériau traité. Cette partie essentielle de l'activité sera l'occasion de définir les stratégies de travail les mieux adaptées et les comportements ou « gestes mentaux » les plus efficaces.

Nous espérons que ce cahier répondra aux besoins et aux attentes des enseignants. Son ambition est d'enrichir, en la diversifiant, la palette d'activités que tout enseignant se doit de mettre en place pour que chacun de ses élèves devienne le *vrai lecteur* qu'on attend de lui, condition *sine qua non* d'une scolarité réussie.

Les auteurs

SOMMAIRE

Bien lire les histoires

Objectif 1 : Je repère les informations principales d'une histoire.

Objectif 2 : Je comprends le sens d'une histoire.

Bien lire les documents

Objectif 1 : Je repère des informations dans un document.

Objectif 2 : Je comprends et j'utilise les informations d'un document.

Objectifs 1 et 2

MODE D'EMPLOI

Dans ton cahier de lecture, tu vas lire, mais tu vas aussi...

cocher des cases	☒
entourer des mots	bras - jambe - (dent) - pied.
barrer des mots	~~la récréation~~
souligner des mots	la trousse
relier des mots ou des phrases	rapidement • • caillou pierre • • vite
compléter des listes ou des phrases	Dans la .cour.,

Si tu veux devenir un bon lecteur :

1 Avant l'exercice

Lis attentivement la consigne afin de comprendre ce que tu dois faire.

2 Pendant l'exercice

Réponds aux questions dans ta tête d'abord, puis écris ta réponse sur ton cahier.

3 Après l'exercice

Regarde la correction et compte le nombre de bonnes réponses que tu as obtenues.
Colorie ou entoure le visage qui correspond à ton score.

Par exemple, si tu as obtenu 3 bonnes réponses : tu colories ou tu entoures le visage correspondant.

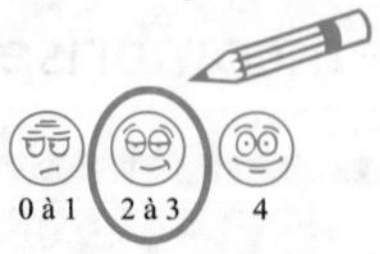

Reporte ensuite ce résultat dans la grille de suivi en coloriant le visage correspondant à ton score avec la couleur qui convient :

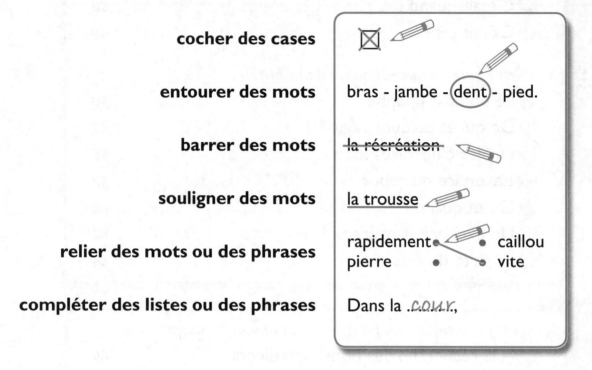

Bien lire les mots

Objectif 1 *J'identifie des mots.*

Objectif 2 *J'enrichis mon vocabulaire.*

Relie chaque mot à son contraire. Recopie celui qui n'en a pas. . . . .

Objectif 1 : J'identifie des mots.

1 Les mots mêlés

☆ **Entoure les mots AVION, HÉLICE, AILE à chaque fois que tu les vois. Lis dans ce sens →. Le premier mot est donné en exemple.**

Entoure le nombre de bonnes réponses. 0 à 2 3 à 5 6 à 7

Objectif 1 : J'identifie des mots.

☆☆ **Entoure dans la grille les mots TRÉSOR, PIRATE, BATEAU.**
Tu peux lire dans ce sens → et dans ce sens ↓.

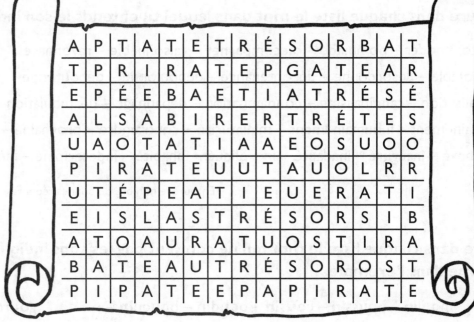

A	P	T	A	T	E	T	R	É	S	O	R	B	A	T
T	P	R	I	R	A	T	E	P	G	A	T	E	A	R
E	P	É	E	B	A	E	T	I	A	T	R	É	S	É
A	L	S	A	B	I	R	E	R	T	R	É	T	E	S
U	A	O	T	A	T	I	A	A	E	O	S	U	O	O
P	I	R	A	T	E	U	U	T	A	U	O	L	R	R
U	T	É	P	E	A	T	I	E	U	E	R	A	T	I
E	I	S	L	A	S	T	R	É	S	O	R	S	I	B
A	T	O	A	U	R	A	T	U	O	S	T	I	R	A
B	A	T	E	A	U	T	R	É	S	O	R	O	S	T
P	I	P	A	T	E	E	P	A	P	I	R	A	T	E

Entoure le nombre de bonnes réponses. 0 à 4 — 5 à 7 — 8 à 11

☆☆☆ **Entoure le mot de la liste qui est répété 4 fois dans la grille.**
Barre celui qui n'est pas dans la grille.
Lis dans ce sens → et dans ce sens ↓.

PRATIQUE – PORTIQUE – BOUTIQUE – PLASTIQUE

						P	R	A	S	T	I	Q	U	E	T					
						P	P	R	A	T	I	Q	U	E	B					
B	O	U	T	I	P	A	P	P			A				A					
O	U	P		U	R	T	L	R									U	E	P	B
		L		E	A	R	A	A										P	O	O
	P	A		S	T	I	S	T	B	R	O	U	T	I	Q	U	E	L	R	U
P	R	S		B	I	Q	T	L	P	R	A	T	I	Q	U	E	P	A	T	I
A	S	T		O	Q	U	I	P	L	A	S	T	I	Q	U	E	O	S	I	Q
T	I	I		U	U	A	Q	U	A	T	I	Q	U	E	O	S	T	I	Q	U
P	L	Q		T	E	Q	U	E	S	I	Q	U	P	O	R	T	I	Q	U	E
		U				P	E	T	I	Q	U	E	P	A	T	I	Q	U	E	P
		E				P	L	I	Q	P	L	A	S	T	I	Q	U	E	P	R

Entoure le nombre de bonnes réponses. 0 — 1 — 2

Reporte tes résultats dans la grille de suivi.

Objectif 1 : J'identifie des mots.

2 Le bon son

☆ Entoure dans chaque liste le mot dans lequel tu entends le son indiqué.

- [ɔ̃] : raccommoder – pommade – raccompagner – raisonnable – rayonnage
- [ɔ̃] : disponible – désordonné – décontenancé – déboulonné – déboutonné
- [ɑ̃] : canalisation – cannibalisme – condamnation – dépannage – déambulation
- [ɛ̃] : certainement – inhumainement – miniaturisé – contraindre – prochaine – assainir
- [ɛ̃] : inachevé – inauguré – inadapté – inexpliqué – inhabité – indéterminé – innocenté

Entoure le nombre de bonnes réponses. 0 à 1 — 2 à 3 — 4 à 5

☆☆ Barre dans chaque liste le mot qui ne contient pas les sons indiqués, comme dans l'exemple.

- [u] et [ɛ̃] : **moulin – poussin – cousin – boudin – bouquin** – ~~rondin~~ – **gourdin**
- [ʃɑ] et [œʀ] : chapardeur – chaleur – chasseur – chandeleur – charmeur – chahuteur
- [di] et [sjɔ̃] : tradition – perdition – indiscrétion – direction – condition – additionné
- [ʀɑ] et [n] : paratonnerre – rationnement – irrationnel – braconnier – rançonner – ramoner
- [mi] et [sjɔ̃] : domination – démission – dissimulation – permission – élimination
- 2 fois [ɑ̃] : encombrement – immensément – intensément – impatiemment – désenchanté

Entoure le nombre de bonnes réponses. 0 à 1 — 2 à 3 — 4 à 5

☆☆☆ Entoure le mot qui correspond au dessin. Aide-toi de la phrase en bleu.

« On entend [ɑ̃] dans mon nom. »

carambole
caramebole
carmabole

« On entend [i] dans mon nom. »

chérimblome
chimpapole
chérimole

« On n'entend ni [ɔ̃] ni [ɑ̃] dans mon nom. »

cardamdome
cardamome
cardamonte

« On n'entend qu'une fois [ɔ̃] dans mon nom. »

eusthénonpetron
onstherompe
eusthenopteron

Entoure le nombre de bonnes réponses. 0 à 1 — 2 à 3 — 4

Reporte tes résultats dans la grille de suivi.

3 L'intrus

☆ **Relie les mots dans lesquels le son [s] s'écrit de la même façon, comme dans l'exemple. Attention à l'intrus !**

façade •	• accroissement
illusionniste •	• convalescent
atterrissage •	• gerçure
acrobatie •	• strictement
scientifiquement •	• empoisonnement
artificiellement •	• attraction
	• admiratrice

Entoure le nombre de bonnes réponses. 0 à 1 – 2 à 3 – 4 à 5

☆☆ **Dans chaque liste, tous les mots contiennent deux fois le son [s] sauf un. Barre-le.**

- insouciant – séparation – assombrissement – poussiéreuse – sacrifice – éclaircissement
- insensible – musculation – inspectrice – occasionnel – procession – hospitalisation
- ascenseur – susceptibilité – consciencieux – adolescence – escamoter – fascination
- prospectus – stress – couscous – rhinocéros – express – processus – vasistas
- circonflexe – silex – sphinx – surtaxe – suffixe – astucieux – syntaxe – capricieux
- expropriation – expressivement – excursion – exportation – exclusivité – expression

Entoure le nombre de bonnes réponses. 0 à 2 – 3 à 4 – 5 à 6

☆☆☆ **Écris le nom de chaque oiseau au bon endroit. Attention à l'intrus !**

pygargue – bergeronnette – dendrocygne – lagopède – gygis

- Dans mon nom, on voit une fois la lettre « g » et on entend une fois le son [g]. Je suis le ....

- Dans mon nom, on voit deux fois la lettre « g » et on entend deux fois le son [g]. Je suis le ....

- Dans mon nom, on voit deux fois la lettre « g » et on entend deux fois le son [ʒ]. Je suis la ....

- Dans mon nom, on voit une fois la lettre « g » et on n'entend ni le son [g], ni le son [ʒ]. Je suis le ....

Entoure le nombre de bonnes réponses. 0 à 1 – 2 à 3 – 4

Reporte tes résultats dans la grille de suivi.

Objectif 1 : J'identifie des mots.

4 Une recette à la noix !

☆ **Souligne les 15 mots de la recette qui ne conviennent pas, comme dans l'exemple.**

Le gâteau aux poires

Préparation : 30 minutes **Temps de cuisson :** 1 beurre

Pour 8 personnes :
4 œufs ; 125 g de beurre ; 250 g de sucre en poudre ;
250 g de farine ; ½ sachet de sucre vanillé ; 1 sachet de levure.

1. Éplucher les poires, les couper en deux, voter les pépins.
2. Mettre les quatre bœufs dans un saladier avec le sud en poudre.
3. Bien ménager.
4. Ajouter le beurre légèrement tondu puis, peu à peur, la famine, la lecture et le sucre vanillé.
5. Beurrer un moule, y bercer la pâte.
6. Disposer les moitiés de foires sur le dessus de la pâte.
7. Saupoudrer de sucre en poutre.
8. Faire luire une heure à dour foux.
9. Laisser refroidir avant de découler.

Entoure le nombre de bonnes réponses. 0 à 5 — 6 à 10 — 11 à 15

☆☆ **Entoure les mots qui peuvent remplacer les mots soulignés dans l'exercice ☆. Attention aux intrus !**

heurte – mélager – ôter – œufs – surcre – frondu – fondu – pleu – sulcre – pieu – heure – faramine – lavure – peu – percer – fondru – vaser – piores – poires – cruire – cuire – four – pourde – frarine – verser – proudre – sucre – boudre – doux – levrure – dénouler – levure – démoulier – poudre – mélangrer – démouler – dérouter – mélanger – farine

Entoure le nombre de bonnes réponses. 0 à 6 — 7 à 11 — 12 à 16

Objectif 1 : J'identifie des mots.

☆☆ **Entoure les mots en bleu qui conviennent pour compléter la recette.**

La tarte aux pommes

Préffaucher / Perchauffer / Préchauffer	.... le four à 180 degrés.
Beurrer / Beurrier / Beurter	.... un moule à tarte puis étaler la pâte brisée dans le moule.
Épulcher / Éplucher / Elpucher	.... les pommes puis les couper en fines lamelles. Les répartir sur la pâte.
saldier / saladrier / saladier	Dans un ......, mélanger un œuf, 3 cuillerées à soupe de crème fraîche. Verser le mélange sur les pommes.
Sapoudrer / Saupoudrer / Soupoudrer	.... le tout de sucre vanillé. Mettre au four pendant 25 minutes.
Servrir / Sévir / Servir accompanée / accompagnée / accrompagnée	.... la tarte aux pommes encore tiède et .... d'une boule de glace à la vanille.

Entoure le nombre de bonnes réponses. 0 à 2 — 3 à 5 — 6 à 7

☆☆☆ **Recopie le mot qui convient pour compléter chaque phrase.**

- Pour faire cuire un gâteau, on règle la .... du four avec un thermostat. (températrure / température / trempérature)
- Certains aliments surgelés n'ont pas besoin d'être .... avant d'être utilisés dans une recette. (déconlegés / déclongelés / décongelés / décrongelés)
- Afin de protéger les aliments dans le .... (réfrirgérateur / refirgérateur / réfrigérateur / réfrigératreur), on utilise du papier d' .... (almuminium / alumignonne / alimunium / aluminium)
- Avant de faire la cuisine, il faut toujours se laver les mains .... (soingneusement / soineusement / soigneusement / saingneusement)

Entoure le nombre de bonnes réponses. 0 à 1 — 2 à 3 — 4 à 5

Reporte tes résultats dans la grille de suivi.

Objectif 1 : J'identifie des mots.

5 Toujours plus d'intrus !

☆ **Barre l'intrus dans chaque liste comme dans l'exemple.**

- **tr** : étrangement – catastrophe – transpirer – ~~imperturbable~~ – trahison – destruction
- **dr** : tendrement – droitière – adresser – encadrement – perdre – retardement – fendre
- **sp** : espace – correspondance – respectable – resquilleur – inspection – spatial
- **st** : studio – protestation – standard – instable – mastic – tsunami – destination
- **xc** : exceptionnel – excessive – excentrique – exclusion – excavateur – exact – excitation

Entoure le nombre de bonnes réponses. 0 à 1 – 2 à 3 – 4

☆☆ **Même exercice.**

- **rdr** : perdrix – mordre – reperdre – désordre – perdreau – arbrisseau – tordre
- **ctr** : actrice – traductrice – électrique – extincteur – électronique – conductrice
- **str** : balustrade – strictement – monstrueux – encastrer – indestructible – astéroïde
- **vert** : entrouverte – couverture – vertigineuse – pauvreté – avertissement – invertébré
- **arqu** : débarquement – marquage – détraque – embarquement – remarque – monarque
- **extr** : ambidextre – extraordinaire – externe – extrême – extrémité – extraire

Entoure le nombre de bonnes réponses. 0 à 2 – 3 à 4 – 5 à 6

☆☆☆ **Entoure le groupe de 3 lettres commun à tous les mots de chaque liste, puis complète avec le mot en bleu qui convient, comme dans l'exemple.**

- contrariant – triangulaire – communiant – fortifiant – friandise – insouciance
  (grainetier / insouciance / vaniteux)
- indiscrétion – description – indescriptible – script – scrupuleux – ....
  (décrispation / excessif / escrimeur)
- pointillé – décoincer – goinfre – rejoindre – poinçonner – pointure – ....
  (espionner / désappointé / marsouin)
- inconscience – bienveillant – scientifique – consciencieux – collégien – ....
  (empreinte / étreindre / impatiente)
- corbeille – orgueilleux – grenouille – recueillir – villageoise – ....
  (mielleux / embouteillage / satellite)

Entoure le nombre de bonnes réponses. 0 à 1 – 2 à 3 – 4

Reporte tes résultats dans la grille de suivi.

6 Jeu-thème

☆ **Écris le numéro du thème qui convient pour chaque liste de mots.**
Thèmes : n° 1 chauffage – n° 2 habitation – n° 3 cuisine – n° 4 peinture

	Thème
◆ cadre – tableau – chevalet – gouache – pinceau – aquarelle	n° …
◆ porte – immeuble – étage – chalet – toiture – fenêtre – villa	n° …
◆ poêle – cheminée – électricité – chaudière – radiateur – bois	n° …
◆ poêle – four – cuillère – saladier – casserole – sel – bol	n° …

Entoure le nombre de bonnes réponses. 0 à 1 – 2 à 3 – 4

☆☆ **Même exercice.**
Thèmes : n° 1 vacances – n° 2 mer – n° 3 transports – n° 4 véhicules – n° 5 train

	Thème
◆ train – voiture – avion – billet – bicyclette – composter – métro	n° …
◆ plage – bateau – camping – hôtel – bronzer – randonnée – repos	n° …
◆ T.G.V. – wagon – locomotive – gare – rails – contrôleur	n° …
◆ sable – vague – écume – thon – huître – sel – corail	n° …
◆ train – voiture – avion – camion – trottinette – tricycle	n° …

Entoure le nombre de bonnes réponses. 0 à 1 – 2 à 3 – 4 à 5

☆☆☆ **Complète chaque liste avec le mot en bleu qui convient.**
Attention aux thèmes des listes !

poisson – oiseau – fleuve – champignon – poil

◆ écaille – nageoire – dent – aile – plume – ....

◆ chat – chien – souris – poisson – rat – ....

◆ sanglier – biche – gland – chêne – clairière – ....

◆ ruisseau – fleuve – étang – nageoire – écaille – bocal – ....

◆ mer – rivière – mare – océan – ruisseau – cascade – ....

Entoure le nombre de bonnes réponses. 0 à 1 – 2 à 3 – 4 à 5

Reporte tes résultats dans la grille de suivi.

Objectif 2 : J'enrichis mon vocabulaire.

7 Le même lien

☆ **Coche le mot en bleu qui convient en t'aidant du titre de la série.**
Le premier mot de chaque série est donné en exemple.

◆ **Chaque chose à sa place**

casquette et ☒ tête ☐ dos
collant et ☐ jambe ☐ bras
chaussure et ☐ poing ☐ pied
écharpe et ☐ coude ☐ cou
montre et ☐ cheville ☐ poignet
barrette et ☐ cils ☐ cheveux
ceinture et ☐ ventre ☐ épaule
bague et ☐ ongle ☐ doigt

◆ **La bonne action au bon endroit**

stade et ☐ dormir ☒ courir
piscine et ☐ dessiner ☐ nager
école et ☐ laver ☐ travailler
magasin et ☐ prêter ☐ acheter
restaurant et ☐ manger ☐ observer
bibliothèque et ☐ acheter ☐ emprunter
gymnase et ☐ traîner ☐ s'entraîner
patinoire et ☐ piétiner ☐ patiner

Entoure le nombre de bonnes réponses. 0 à 5 / 6 à 9 / 10 à 14

☆☆ **Coche les deux mots en bleu qui conviennent en t'aidant du titre de la série.**

◆ **Le bon outil**

fil et ☐ couture ☐ ciseaux ☐ aiguille ☐ tissu
branche et ☐ arbre ☐ bûcheron ☐ tronçonneuse ☐ scie
écrire et ☐ école ☐ ordinateur ☐ poésie ☐ stylo
sable et ☐ plage ☐ râteau ☐ bac ☐ mer ☐ pelle

◆ **Le bon endroit**

livre et ☐ librairie ☐ lecture ☐ lire ☐ école ☐ lecteur
beurre et ☐ réfrigérateur ☐ lait ☐ cuisiner ☐ magasin ☐ vache
vélo et ☐ rue ☐ chemin ☐ guidon ☐ sonnette ☐ rouler
plante et ☐ pelle ☐ jardin ☐ fleur ☐ balcon ☐ jardinier

◆ **La bonne utilisation**

parapluie et ☐ pleuvoir ☐ s'abriter ☐ s'allonger ☐ se coucher ☐ se protéger
casserole et ☐ évier ☐ cuisiner ☐ cuire ☐ refroidir ☐ saladier
ordinateur et ☐ s'informer ☐ éclairer ☐ repasser ☐ clavier ☐ jouer
crayon et ☐ papier ☐ tracer ☐ page ☐ feuilleter ☐ entourer

Entoure le nombre de bonnes réponses. 0 à 8 / 9 à 16 / 17 à 24

Objectif 2 : J'enrichis mon vocabulaire.

★★ Observe l'exemple puis coche le mot en bleu qui convient.

- **cuisinier et** ☐ casserole ☒ métier
  judo et ☐ sport ☐ karaté
  jardinage et ☐ planter ☐ loisir
  réparer et ☐ travail ☐ spectacle
- **cuisinier et** ☒ restaurant ☐ tablier
  judo et ☐ gymnase ☐ kimono
  jardinage et ☐ râteau ☐ potager
  réparer et ☐ garage ☐ voiture
- **girafe et** ☒ animal ☐ poil
  pomme et ☐ pépin ☐ fruit
  rose et ☐ fleur ☐ vase
  manteau et ☐ pull ☐ vêtement
- **girafe et** ☐ girafon ☒ zoo
  pomme et ☐ arbre ☐ poire
  rose et ☐ tulipe ☐ jardin
  manteau et ☐ froid ☐ vestiaire
- **menuisier et** ☒ scie ☐ bois
  coiffeuse et ☐ cheveux ☐ ciseaux
  pompier et ☐ échelle ☐ feu
  infirmier et ☐ seringue ☐ malade
- **menuisier et** ☐ rabot ☒ raboter
  coiffeuse et ☐ friser ☐ frisette
  pompier et ☐ souffler ☐ sauver
  infirmier et ☐ saigner ☐ soigner

Entoure le nombre de bonnes réponses. 0 à 6 | 7 à 12 | 13 à 18

★★★ Recopie les groupes nominaux de la liste au bon endroit.

le kiwi – le canon – la pièce – la mousse

- Je suis un dessert ou une plante : ....
- Je suis un aliment ou un animal : ....
- Je suis une salle ou de l'argent : ....
- Je suis un chant ou une arme : ....

Entoure le nombre de bonnes réponses. 0 à 1 | 2 à 3 | 4

★★★ Souligne tous les mots qui ont un rapport avec le mot en bleu dans chaque colonne, comme dans l'exemple.

raie	bureau	avocat	pêche	glace
<u>animal</u>	outil	fruit	loisir	pièce
outil	meuble	métier	fruit	dessert
meuble	siège	animal	dessert	aliment
<u>rayure</u>	métier	liquide	nourriture	miroir
<u>poisson</u>	pièce	aliment	outil	vitre

Entoure le nombre de bonnes réponses. 0 à 5 | 6 à 9 | 10 à 13

Reporte tes résultats dans la grille de suivi.

Objectif 2 : J'enrichis mon vocabulaire.

8 À la recherche du synonyme

☆ À l'aide des définitions, coche le synonyme du mot en bleu.

◆ râpé, *synonyme* :
- ☐ **élimé** : usé par le frottement.
- ☐ **éliminé** : rejeté d'une compétition.

◆ expliquer, *synonyme* :
- ☐ **éluder** : éviter de répondre à une question embarrassante.
- ☐ **élucider** : rendre plus clair quelque chose de compliqué.

◆ aggraver, *synonyme* :
- ☐ **empiéter** : déborder sur quelque chose.
- ☐ **empirer** : rendre pire.

◆ desséché, *synonyme* :
- ☐ **désaltéré** : qui n'a plus soif.
- ☐ **déshydraté** : privé de son eau.

◆ cacher, *synonyme* :
- ☐ **escamoter** : faire disparaître quelque chose sans être vu.
- ☐ **escroquer** : tromper quelqu'un pour obtenir de l'argent.

Entoure le nombre de bonnes réponses. 0 à 1 — 2 à 3 — 4 à 5

☆☆ Entoure le synonyme de chaque mot en t'aidant de la définition.

- ◆ **gabardine** : vêtement qui protège de la pluie. *Synonyme* : gilet / imperméable
- ◆ **bigarré** : qui a des couleurs vives et variées. *Synonyme* : fade / multicolore
- ◆ **insolite** : qui étonne, surprend. *Synonyme* : inhabituel / ordinaire
- ◆ **auditoire** : groupe de personnes qui écoute un concert. *Synonyme* : musiciens / public
- ◆ **fastidieux** : qui provoque l'ennui. *Synonyme* : inintéressant / intéressant

Entoure le nombre de bonnes réponses. 0 à 1 — 2 à 3 — 4 à 5

☆☆☆ Trouve les 3 synonymes du mot en bleu en t'aidant des phrases. Attention à l'intrus !

pâle : ...., ..., ...

- ◆ **blême** Ses joues avaient soudain perdu leur couleur ; il était blême de colère !
- ◆ **blafard** Une lune blafarde éclairait à peine le chemin.
- ◆ **pimpant** Cassie est toute pimpante dans sa jolie robe !
- ◆ **livide** Le visage de Lisia est aussi livide que celui d'un fantôme !

Entoure le nombre de bonnes réponses. 0 — 1 à 2 — 3

Reporte tes résultats dans la grille de suivi.

9 Les faux frères

☆ Relie chaque phrase au synonyme du mot en bleu, comme dans l'exemple.

Timéo a le sommeil lourd. •	• indigeste
Le sac de Nassim est trop lourd. •	• profond
Le dîner était lourd, Lola a mal dormi ! •	• orageux
Le temps est lourd aujourd'hui. •	• pesant

Juliette est forte en calcul mental. •	• résistante
Une forte tempête a renversé le bateau. •	• importante
Utilise une colle forte pour réparer le vase. •	• violente
Léo a gagné une forte somme d'argent au loto. •	• douée

Entoure le nombre de bonnes réponses. 0 à 2 — 3 à 5 — 6 à 7

☆☆ Même exercice.

Paul garde son petit cousin. •	• évite
Milad garde tous ses jouets de bébé. •	• conserve
Garde-moi une place à côté de toi ! •	• réserve
Tom se garde de confier un secret à Sam car il répète tout ! •	• surveille

Le magasin est fermé un mois complet. •	• total
L'hôtel de la plage est complet. •	• costume
Attendez l'arrêt complet du train. •	• plein
Samuel a un complet noir. •	• entier

Siam est condamnée à rester au lit, à cause d'un rhume. •	• punie
La porte du souterrain est condamnée. •	• désapprouvée
La coupable a été condamnée sévèrement. •	• forcée
La violence est condamnée par les pacifistes. •	• fermée

Entoure le nombre de bonnes réponses. 0 à 4 — 5 à 8 — 9 à 12

☆☆☆ Trouve le synonyme de tous les verbes en bleu.

Youssef n'arrive pas à construire son circuit de voitures.
Je n'entends pas bien, peux-tu augmenter le son de la radio ?
Lou a du mal à gravir les escaliers avec ses béquilles !
Les élèves de CM1 vont organiser un spectacle.

Le synonyme de ces verbes est le verbe : . . . .

Entoure le nombre de bonnes réponses. 0 — 1

Reporte tes résultats dans la grille de suivi.

Objectif 2 : J'enrichis mon vocabulaire.

10 C'est le contraire !

☆ Entoure le contraire du mot en bleu dans chaque colonne, comme dans l'exemple.

pesant	capable	évidemment	cesser	clameur
plaisant	comptable	récemment	contribuer	acclimatation
présent	curable	énormément	continuer	calme
accent	innocent	violemment	contrôler	clarté
absent	cassable	peu	convoquer	agitation
perdant	coupable	étonnamment	comploter	aggravation

Entoure le nombre de bonnes réponses. 0 à 1 – 2 à 3 – 4

☆☆ Relie chaque mot en bleu à son contraire, comme dans l'exemple.

un gros souci •	• important	un café léger •	• fort
un gros chien •	• maigre	un cartable léger •	• lourd
	• petit		• noir
une ligne droite •	• courbe	un vieux livre •	• jeune
la main droite •	• gauche	un vieux monsieur •	• beau
	• raide		• neuf
du sable sec •	• généreux	un tissu solide •	• mince
un cœur sec •	• fin	de la lave solide •	• fragile
	• humide		• liquide

Entoure le nombre de bonnes réponses. 0 à 3 – 4 à 6 – 7 à 10

☆☆☆ Utilise les mots de la liste pour compléter chaque phrase avec le contraire du mot en bleu. Attention aux intrus !

rapide – harmonieux – gigantesque – habile – soyeux – terne – inoffensif

La souris est minuscule alors que l'éléphant est ....

Le tigre est féroce alors que le zèbre est ....

Le pelage du lapin est .... alors que la carapace de la tortue est rugueuse.

Le chant du rossignol est .... alors que celui du corbeau est discordant.

La couleur du perroquet est éclatante alors que celle du moineau est ....

Entoure le nombre de bonnes réponses. 0 à 1 – 2 à 3 – 4 à 5

Reporte tes résultats dans la grille de suivi.

11 Les frères ennemis

☆ Barre l'intrus parmi les couples de contraires dans chaque colonne.

espéré – inespéré	bloque – débloque	habile – malhabile	légal – illégal
exact – inexact	bouche – débouche	honnête – malhonnête	limité – illimité
achevé – inachevé	branche – débranche	lien – malien	lisible – illisible
terne – interne	chausse – déchausse	adroit – maladroit	logique – illogique
égalité – inégalité	confiture – déconfiture	odorant – malodorant	lustre – illustre

Entoure le nombre de bonnes réponses. 0 à 1 — 2 à 3 — 4

☆☆ Entoure le contraire de chaque mot en t'aidant de la définition.

- **aubaine** : chance inattendue. *Contraire :* aubade / malchance / inattention
- **clément** : qui ne punit pas sévèrement. *Contraire :* sévère / pardonné / agréable
- **prompt** : qui réagit rapidement. *Contraire :* bavard / lent / rapide
- **apathique** : qui manque d'énergie. *Contraire :* énervé / arrêté / énergique
- **abréger** : rendre plus court. *Contraire :* expliquer / allonger / diminuer
- **oisif** : qui reste sans rien faire. *Contraire :* inactif / joyeux / actif

Entoure le nombre de bonnes réponses. 0 à 2 — 3 à 4 — 5 à 6

☆☆☆ Écris le contraire du mot en gras en t'aidant de sa définition et des mots de la liste. Attention aux intrus !

moderne – obscurité – banal – agressif – aube – lâcheté – pacifique

- **belliqueux** : qui aime faire la guerre. *Contraire :* . . . .
- **bravoure** : courage. *Contraire :* . . . .
- **pittoresque** : qui attire l'attention par son originalité. *Contraire :* . . . .
- **désuet** : qui fait ancien, vieillot. *Contraire :* . . . .
- **crépuscule** : tombée de la nuit. *Contraire :* . . . .

Entoure le nombre de bonnes réponses. 0 à 1 — 2 à 3 — 4 à 5

Reporte tes résultats dans la grille de suivi.

Objectif 2 : J'enrichis mon vocabulaire.

12 Un air de famille

☆ **Entoure le mot qui peut compléter la phrase. Aide-toi du mot souligné.**

boiteux	Un terrain recouvert de <u>bois</u> est …	boisé
brumeux	Un paysage recouvert de <u>brume</u> est …	brumaire
bosseur	Un camion plein de <u>bosses</u> est …	cabossé
ventral	Un endroit où il y a du <u>vent</u> est …	venté
futé	Un arbre qui donne des <u>fruits</u> est un arbre …	fruitier
odorant	Un plat qui a une bonne <u>odeur</u> est …	odieux

Entoure le nombre de bonnes réponses. 0 à 2 3 à 4 5 à 6

☆☆ **Entoure le mot qui peut compléter la phrase.**

- Une personne qui dit des gros mots dit des grosseurs / grossièretés / gosiers.
- Une personne qui habite à la campagne est un campagnard / campeur / campagnol.
- Une personne qui est devenue maigre est aigrie / amaigrissante / amaigrie.
- Une personne qui a de la peine est peinarde / peignée / peinée.
- Une personne qui commet une fraude est un fauteur / fraudeur / fautif.
- Une personne qui habite dans un château est un châtain / châtelet / châtelain.

Entoure le nombre de bonnes réponses. 0 à 2 3 à 4 5 à 6

☆☆☆ **Recopie chaque mot de la liste au bon endroit en t'aidant de l'indication entre parenthèses et de la définition.**

résonner – poudroyer – foudroyer – délasser – s'épousseter – délacer – s'époumoner – raisonner

- .... (famille de *poumon*) : crier jusqu'à ne plus pouvoir respirer.
- .... (famille de *poussière*) : frotter son habit pour en retirer des saletés.
- .... (famille de *foudre*) : détruire par la foudre.
- .... (famille de *poudre*) : s'élever en poussière.
- .... (famille de *las*) : éliminer la fatigue.
- .... (famille de *lacer*) : retirer les cordons d'une chaussure.
- .... (famille de *raison*) : se servir de sa raison pour comprendre.
- .... (famille de *son*) : retentir avec un écho.

Entoure le nombre de bonnes réponses. 0 à 2 3 à 5 6 à 8

Reporte tes résultats dans la grille de suivi.

Bien lire les phrases

Objectif 1 *Je comprends les phrases (niveau 1).*

Objectif 2 *Je comprends les phrases (niveau 2).*

Lis les mots dans l'ordre pour découvrir le message.

13 Les phrases mêlées

☆ Colorie les étiquettes pour former une phrase, comme dans l'exemple.

Léa et Lucas	a marché	un jus	de fruits	qui était	mauvais goût.
Emmanuël	ont bu	un gâteau	sans	qui avait	très mou.

Alexandre	sont partis	un bateau	pour	traverse	l'Atlantique.
Théo et Noé	a pris	les montagnes	qui	font	de la luge.

Les moustaches	de Claire	sont	roux,	orienter	dans le noir.
Les cheveux	mon chat	lui	faire	longs	et frisés.

Le nouveau	arbre	de Zoé	est	un bracelet	méchant.
La nouvelle	montre	à Pierre	a	du bruit	violet.

Entoure le nombre de bonnes réponses. 0 1 à 2 3

☆☆ Relie les étiquettes pour former une phrase puis coche le titre qui convient pour cette phrase.

Certaines	éléphants	à	îles Galapagos	vivent	mais de	1 jour.
Ma	tortues	des	Mont Blanc	donnent	plus de	100 ans.

☐ Les éléphants du Mont Blanc ☐ Des tortues très âgées

Le crapaud	de soleil	peut	vallée	des proies	aussi	gosses	de lui.
Mon chapeau	cornu	lieu	avaler	du choix	oui	grosses	que lui.

☐ Un sacré gourmand ! ☐ Un grand chapeau

L'aigle royal	peut parler	pendant	des heures	de	les courants	d'air chaud.
L'autruche	peut planer	pour	ses pattes	dans	les coureurs	très vite.

☐ Planer longtemps ☐ Parler longtemps

Entoure le nombre de bonnes réponses. 0 à 2 3 à 4 5 à 6

Reporte tes résultats dans la grille de suivi.

Objectif 1 : Je comprends les phrases (niveau 1).

14 Les mots pirates

☆ **Barre le mot pirate caché dans chaque phrase, comme dans l'exemple.**

- Le chocolat est fabriqué ~~mais~~ avec des fèves de cacao.
- Les fèves de cacao sont les graines d'un arbre des pays tropicaux qui s'appelle pourtant le cacaoyer.
- Le thé provient des feuilles d'un arbuste qui pousse ainsi dans les pays chauds : le théier.
- On cueille les feuilles donc les plus tendres du théier puis on les fait sécher.
- Le fruit du caféier ressemble à une petite cerise aussi rouge et contient deux grains verts.
- On fait griller ces grains verts puis on doit leur les moudre pour faire du café.

Entoure le nombre de bonnes réponses. 0 à 1 — 2 à 3 — 4 à 5

☆☆ **Même exercice.**

- Karim se précipite lentement dans l'escalier pour répondre au téléphone.
- Leïla en est certaine, elle aura peut-être une bonne note à son contrôle d'histoire !
- Dario a appris une bonne nouvelle qui l'a rendu triste : l'ordinateur de l'école a été volé !
- Au restaurant, Morgan a mangé une bonne soupe brûlante qui était malheureusement presque froide ! C'est dommage !
- Stella découvre avec joie le très beau cadeau offert par ses amis et hélas elle les remercie chaleureusement.

Entoure le nombre de bonnes réponses. 0 à 1 — 2 à 3 — 4 à 5

☆☆ **Barre les trois mots pirates cachés dans chaque paragraphe.**

- Les chouettes sont capables de rien voir dans l'obscurité, ce qui leur permet de chasser la nuit. Elles ont également une très excellente ouïe : grâce à elle, elles repèrent sans facilement leurs proies. De plus, leur vol est totalement silencieux.
- L'ours blanc vit dans les régions polaires. Il résiste au froid grâce à l'épaisse couche fine de graisse qui recouvre son corps. Il est également bien mal protégé par sa chaude fourrure blanche. Le dessous de ses pattes est recouvert de poils : cela lui permet de ne pas avoir moins froid en marchant sur la glace.

Entoure le nombre de bonnes réponses. 0 à 2 — 3 à 4 — 5 à 6

Reporte tes résultats dans la grille de suivi.

15 La bonne légende

☆ Coche la légende qui convient pour chaque dessin.

☐ À l'aide du crochet, fais passer l'élastique dans le trou de la bobine.
☐ À l'aide du crochet, enroule l'élastique autour de la bobine.
☐ À l'aide du crochet, pousse l'élastique qui se trouve dans la bobine.

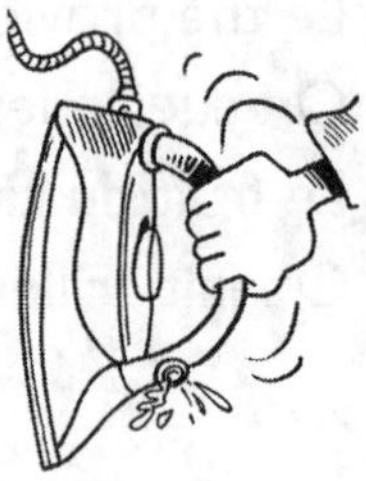

☐ Pour vider le fer, posez-le et laissez s'écouler l'eau.
☐ Pour vider le fer, placez-le la tête en bas et laissez s'écouler l'eau.
☐ Pour remplir le fer, placez-le la tête en bas et laissez s'écouler l'eau.

☐ Faire un trou dans un angle, avec un cutter, en haut du pot de yaourt.
☐ Faire un trou avec un cutter, au fond du pot de yaourt.
☐ Faire un trou dans un angle, avec un cutter, en bas du pot de yaourt.

☐ Verser la poudre dans un demi-verre d'eau puis remuer.
☐ Verser la poudre dans un grand verre d'eau puis remuer.
☐ Verser la poudre dans un demi-verre d'eau en remuant.

☐ Debout, face au mur, accroupis-toi sans décoller le dos du mur.
☐ Debout, dos au mur, accroupis-toi sans décoller les talons du sol.
☐ Debout, dos au mur, accroupis-toi sans décoller le dos du mur.

Entoure le nombre de bonnes réponses. 0 à 1 · 2 à 3 · 4 à 5

☆☆ Coche le dessin ou la série de dessins correspondant à la phrase.

◆ Sauter de cerceau en cerceau, les pieds joints et en levant les mains en l'air.

Dessin n° 1 ☐

Dessin n° 2 ☐

Dessin n° 3 ☐

Objectif 1 : Je comprends les phrases (niveau 1).

- Allongé sur le sol, les bras le long du corps, lever les jambes sans plier les genoux.

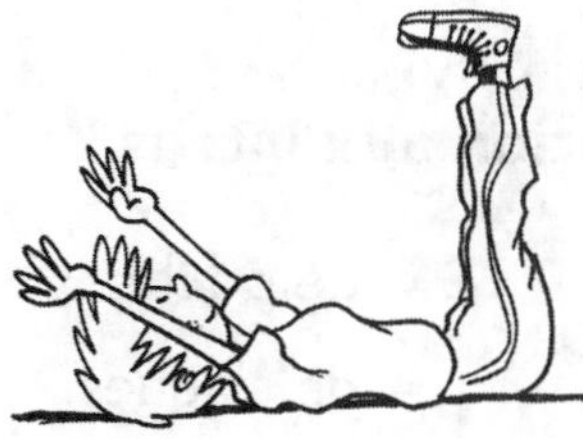

Dessin n° 1 ☐

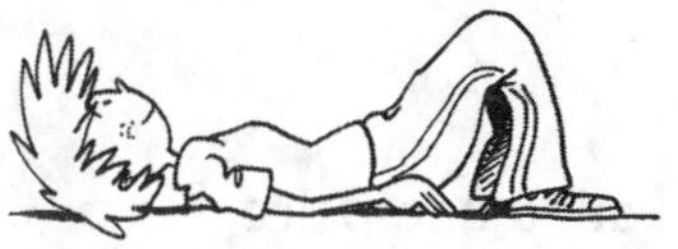

Dessin n° 2 ☐

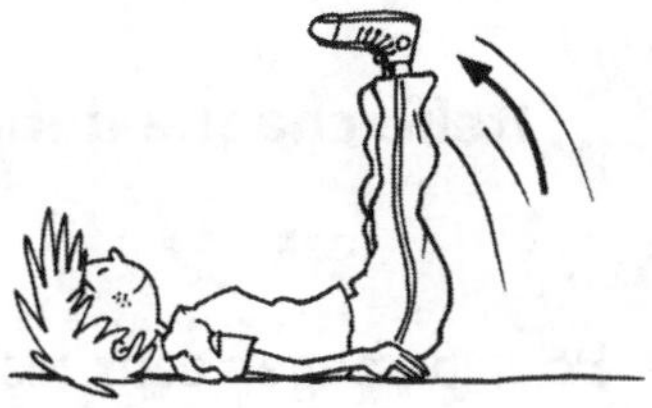

Dessin n° 3 ☐

- Assis dos au mur, lever les jambes vers le visage sans les plier. Puis les reposer au sol.

Série de dessins n° 1 ☐

Série de dessins n° 2 ☐

Série de dessins n° 3 ☐

- Se mettre face au mur, poser les mains au sol à 30 cm du mur. Lever les jambes pour venir prendre appui contre le mur.

Série de dessins n° 1 ☐

Série de dessins n° 2 ☐

Série de dessins n° 3 ☐

Entoure le nombre de bonnes réponses. 0 à 1 — 2 à 3 — 4

Reporte tes résultats dans la grille de suivi.

16 La suite logique

☆ Relie chaque début de phrase à la fin qui convient. Attention aux intrus !

	• de poche.
◆ Pour patauger dans les flaques, Paul a une paire •	• de claques.
◆ Pour descendre à la cave, Siam emporte une lampe •	• de moufles.
◆ Pour faire une boule de neige, Inès met une paire •	• de bottes.
◆ Pour faire ses devoirs, Julie allume sa lampe •	• de jumelles.
◆ Pour ne pas salir sa chambre, Tim porte une paire •	• de chevet.
◆ Pour lire dans son lit, Suzy allume sa lampe •	• de bureau.
◆ Pour observer les oiseaux, Raoul utilise une paire •	• de chaussons.
	• de ciseaux.

Entoure le nombre de bonnes réponses. 0 à 2 3 à 5 6 à 7

☆☆ Complète chaque phrase avec le groupe nominal qui convient.

un garçon – une fille – un animal – un adulte

◆ Je suis debout devant une chaise, sur la scène, mais je ne joue pas de flûte.
Je suis ....

◆ Je suis contre un arbre, je tiens une glace, mais je ne suis pas en train de manger.
Je suis ....

◆ J'ai une baguette à la main mais je ne joue pas de musique. Je suis ....

◆ Je porte un collier, je suis sur une chaise et je dors profondément. Je suis ....

Entoure le nombre de bonnes réponses. 0 à 1 2 à 3 4

Reporte tes résultats dans la grille de suivi.

17 De quoi parle-t-on ?

☆ Lis chaque phrase puis complète le tableau.

1. Si tu faisais tes devoirs tout de suite, tu aurais plus de temps pour jouer après.
2. Range ta chambre et va te coucher !
3. Ne pas donner à manger aux animaux.
4. À ton avis, comment les dinosaures ont-ils disparu ?
5. Ranger les nombres du plus petit au plus grand.

La phrase n°… donne un ordre.
La phrase n°… pose une question.
La phrase n°… donne un conseil.
La phrase n°… est une consigne.
La phrase n°… est une interdiction.

Entoure le nombre de bonnes réponses. 0 à 1 — 2 à 3 — 4 à 5

☆☆ Complète chaque phrase avec le groupe nominal qui convient.

cette interdiction – cette question – un ordre – la consigne – ce conseil – un cri

- M. Durand écrivit .... en rouge : « Recopiez les verbes du premier groupe. »
- Sur le panneau, on pouvait lire .... : « Défense de marcher sur les pelouses. »
- « Tu vas te taire immédiatement ! s'écria Mme Pilou. C'est .... ! »
- Soudain .... retentit : « Vite, de l'aide ! »
- Le maître s'approcha de Nouch et lui donna .... : « Si j'étais toi, je vérifierais mes multiplications. »
- « Je me demande pourquoi mon chat a disparu… » : .... obsédait Pablo jour et nuit.

Entoure le nombre de bonnes réponses. 0 à 2 — 3 à 4 — 5 à 6

☆☆ Lis chaque phrase puis complète le tableau avec le prénom qui convient.

- « Passe-moi mon maillot ! » ordonne Arthur avant de refermer la machine à laver.
- « Passe-moi mon maillot ! » s'écrie Julie en serrant sa serviette autour de sa taille.
- « Tu veux que je te repasse ton maillot ? » propose Corentin en branchant le fer.
- « Tu veux que je te repasse ton maillot, demande Katia, ou je peux le garder ? »

....	veut mettre son maillot de bain.
....	a emprunté un maillot.
....	veut repasser un maillot froissé.
....	veut laver son maillot.

Entoure le nombre de bonnes réponses. 0 à 1 — 2 à 3 — 4

Reporte tes résultats dans la grille de suivi.

BIEN LIRE LES PHRASES

18 Qui dit quoi ?

☆ Coche la fin qui convient pour chaque phrase.

- « Elles sont à peine en bouton »
  dit ☐ le pharmacien. ☐ le fleuriste. ☐ la couturière.
- « Contrôle des billets, s'il vous plaît ! »
  dit ☐ le banquier. ☐ le contrôleur du train. ☐ l'agent de police.
- « La prise est en panne »
  explique ☐ le judoka. ☐ l'électricien. ☐ le pêcheur.
- « C'est 1 euro la botte et 2 euros pour trois bottes achetées ! »
  dit ☐ le marchand de chaussures. ☐ le cordonnier. ☐ le marchand de légumes.

Entoure le nombre de bonnes réponses. 0 à 1 — 2 à 3 — 4

☆☆ Entoure le groupe nominal qui convient pour compléter la phrase.

- « Pourriez-vous examiner mon palais ? dit le prince / le médecin / le malade. J'ai mal quand je mange. »
- « Est-ce que l'entrée vous plaît ? demande le peintre / le serveur / le propriétaire. Sinon, je peux changer de couleur pour la deuxième couche. »
- « Ouvrons le coffre, dit l'automobiliste / le banquier / le pirate, pour y ranger notre trésor. »
- « Il me faudrait votre carte, dit le joueur / le voyageur / le banquier, pour compléter ma famille. »
- « Les avez-vous bien battus ? » demande le joueur / le général / le cuisinier en regardant les blancs en neige.
- « Ce n'est pas ma note, proteste l'élève / le musicien / le client, je n'ai pris ni dessert ni café ! »

Entoure le nombre de bonnes réponses. 0 à 2 — 3 à 4 — 5 à 6

☆☆ Entoure le groupe de mots qui convient pour compléter la phrase.

- « Y a-t-il encore beaucoup de marches ? » demande un visiteur en bas / au 1er étage / en haut de la tour Eiffel.
- « Je ne monte pas plus haut car j'ai le vertige » dit un visiteur au sommet / au pied / au 1er étage de la tour Eiffel.
- « La montée m'a fatiguée, je préfère redescendre en ascenseur » dit une dame au 1er étage / à côté / en bas de la tour Eiffel.

Entoure le nombre de bonnes réponses. 0 — 1 à 2 — 3

Reporte tes résultats dans la grille de suivi.

19 La bonne situation

☆ Coche le paragraphe qui correspond au dessin.

☐ Milad vient de casser son verre préféré. Il s'est coupé et il ne peut plus boire son jus de fruits ! Il en pleure de déception !

☐ Milad a cassé son verre préféré et il s'est coupé ! Ce n'est pas son jour de chance ! Il en pleure de colère !

☐ En cassant son verre préféré, Milad s'est coupé profondément. Sa blessure le fait souffrir. Il en pleure de douleur !

☐ Il fait nuit et les parents de Flora ne sont pas encore rentrés. Comme elle est très peureuse, la voisine est venue la garder, en attendant leur retour. Flora se réjouit car elle est allée lui préparer un gâteau au chocolat dans la cuisine !

☐ Flora n'est pas peureuse. Cela ne la dérange pas de rester seule chez elle, même quand il fait nuit. Mais ce soir, c'est bien différent : elle a entendu un bruit de pas dans le grenier…

☐ Il fait nuit et Flora est seule dans la maison. Elle en profite pour regarder un film comique en attendant le retour de ses parents.

Entoure le nombre de bonnes réponses. 0 1 2

☆☆ Coche les deux paragraphes qui peuvent correspondre au dessin.

☐ Il ne lui restait plus que quelques mètres avant d'atteindre la maison. Bientôt le fils de l'ogre pourrait enfin s'attabler devant un plat de chair fraîche. Cette idée le rendit tout joyeux !

☐ Il aperçut une maison entre les arbres. Il ne savait pas quoi faire : valait-il mieux rester dans la forêt toute la nuit ou bien entrer dans cette maison ? Et si c'était celle d'un ogre ? L'inquiétude grandit en lui.

☐ Après des heures de marche dans la forêt, il aperçut enfin une maison. Il s'en approcha. Il ignorait qui habitait là mais il était content d'avoir enfin trouvé un abri pour la nuit !

Entoure le nombre de bonnes réponses. 0 1 2

Reporte tes résultats dans la grille de suivi.

20 À quelques mots près !

☆☆ Souligne le mot ou groupe de mots qui a été déplacé dans la deuxième phrase. Puis coche la case si les deux phrases ont le même sens.

Quand Karim a perdu ses lunettes, il est allé le dire aussitôt au directeur de l'école.
Quand Karim a perdu ses lunettes, aussitôt il est allé le dire au directeur de l'école. ☐

Avec Margot, César a vu Aglaë courir derrière un chien.
César a vu Aglaë courir avec Margot derrière un chien. ☐

À la récréation, dès que Félicien a aperçu Éléonore, il s'est précipité pour lui montrer ses nouvelles billes.
Dès que Félicien a aperçu Éléonore à la récréation, il s'est précipité pour lui montrer ses nouvelles billes. ☐

Sam est tombé dans la cour, il a dû aller à l'infirmerie car il s'était blessé au genou.
Sam est tombé dans la cour car il a dû aller à l'infirmerie, il s'était blessé au genou. ☐

Sofian, qui travaille dur, a mieux réussi ses contrôles que Maxence.
Sofian a mieux réussi ses contrôles que Maxence qui travaille dur. ☐

Mario est retourné à l'école ce matin, puisqu'il n'est plus malade.
Mario, puisqu'il n'est plus malade, est retourné à l'école ce matin. ☐

Entoure le nombre de bonnes réponses. 0 à 2 — 3 à 4 — 5 à 6

☆☆☆ Écris le numéro des deux phrases qui ont le même sens.

1. C'est pour rejoindre la montagne de son enfance que Boris l'ours, triste et sombre, décida de quitter sa tanière par cette matinée d'automne.
2. C'est par cette matinée d'automne triste et sombre que Boris l'ours décida de quitter sa tanière pour rejoindre la montagne de son enfance.
3. C'est pour quitter sa tanière triste et sombre que Boris l'ours décida de rejoindre la montagne de son enfance, par une matinée d'automne.
4. Boris l'ours décida de quitter sa tanière pour rejoindre la montagne de son enfance, par cette matinée d'automne triste et sombre.

Les phrases n° … et … ont le même sens.

Entoure le nombre de bonnes réponses. 0 — 1

Reporte tes résultats dans la grille de suivi.

Objectif 2 : Je comprends les phrases (niveau 2).

21 Tout s'enchaîne

☆☆ Entoure le mot qui convient pour compléter chaque phrase.

- Anissa n'a pas pu aller au cinéma avec ses amis mais / pourtant / car elle a attrapé froid.
- Florent est arrivé en retard à l'école pourtant / parce qu' / quand il était parti à l'heure.
- Lilou a cherché sur Internet car / sans / pour connaître les horaires du train.
- « Je suis désolé, dit Charlie à son frère, puisque / mais / quand tu es trop enrhumé aujourd'hui pour venir à la piscine avec nous. »
- Jade n'aime pas les animaux. Alan se demande comment / quand / pourquoi elle est venue au zoo avec eux.

Entoure le nombre de bonnes réponses. 0 à 1 / 2 à 3 / 4 à 5

☆☆ Complète chaque phrase avec le mot ou groupe de mots qui convient.

à condition de – afin de – qui – sauf – dès qu' – à cause des

L'hiver, les oiseaux ont besoin de manger plus .... résister au froid.

On peut les nourrir .... suivre ces quelques conseils :

- Il faut penser à leur donner de l'eau .... s'il neige.
- On ne doit pas leur donner d'aliments salés .... les rendraient malades.
- Il faut arrêter de les nourrir .... il ne gèle plus.
- Il vaut mieux éviter de poser la nourriture au sol .... chats !

Entoure le nombre de bonnes réponses. 0 à 2 / 3 à 4 / 5 à 6

☆☆☆ Lis les indices en bleu puis complète chaque phrase avec le prénom qui convient. Attention à l'indice intrus !

- Louis n'a eu que ce qu'il méritait. José s'est senti très fier ! Carl est déçu.

.... a eu une mauvaise note bien qu'il ait révisé.

.... a eu une mauvaise note car il n'avait pas révisé.

- Anne est ravie de son achat. Kim est furieuse d'avoir gâché son argent. Zia n'est pas surprise !

Les baskets de .... sont de mauvaise qualité bien qu'elle les ait payées très cher !

Les baskets de .... sont de mauvaise qualité mais elle ne les a pas payées très cher !

Entoure le nombre de bonnes réponses. 0 à 1 / 2 à 3 / 4

Reporte tes résultats dans la grille de suivi.

22 Questions et réponses

☆☆ Écris le numéro de la réponse qui convient pour chaque question.

	Réponse n°…
Qu'est-ce que le système solaire ?	
Est-ce que le Soleil est une boule de feu ?	
Le Soleil est-il beaucoup plus gros que la Terre ?	
Le Soleil est-il une planète ?	
Pourrions-nous marcher sur le Soleil ?	

Réponses :

n°1 : Oui, le Soleil est une gigantesque boule, si grosse qu'elle pourrait contenir plus d'un million de fois la Terre !

n°2 : Non, c'est impossible pour deux raisons : la chaleur y est trop élevée et le Soleil n'a pas un sol dur comme celui de la Terre.

n°3 : Pas vraiment, c'est plutôt une boule de gaz dont la température est très élevée.

n°4 : Non, le Soleil, contrairement à la Terre, est une étoile et non une planète.

n°5 : Le système solaire est l'ensemble formé par le Soleil et les astres qui tournent autour.

Entoure le nombre de bonnes réponses. 0 à 1 — 2 à 3 — 4 à 5

☆☆ Coche la question qui correspond à la réponse en bleu.

☐ Dans notre système solaire, quelle est la planète la plus volumineuse ?
☐ Est-il possible de mesurer avec précision les planètes du système solaire ?
☐ Où se trouve la plus grosse planète du système solaire ?

C'est Jupiter car elle est deux fois et demie plus grosse que toutes les autres planètes.

☐ Quel écart de température y a-t-il entre le jour et la nuit ?
☐ Quelles températures trouve-t-on sur les différentes planètes du système solaire ?
☐ Quelle température fait-il sur Mercure, la planète la plus proche du Soleil ?

En plein jour, il fait 400°C sur Mercure (une température qui ferait fondre du plomb) alors que la nuit, il fait -170°C, un froid plus terrible que dans le plus puissant des congélateurs.

☐ Les étoiles sont-elles vraiment plus visibles en été qu'en hiver ?
☐ Existe-t-il dans le ciel des étoiles encore inconnues ?
☐ Les scientifiques ont-ils donné des noms à toutes les étoiles de notre galaxie ?

Bien sûr ! Il y a tellement d'étoiles que les astronomes n'ont pas encore pu toutes les identifier !

Entoure le nombre de bonnes réponses. 0 — 1 à 2 — 3

Objectif 2 : Je comprends les phrases (niveau 2).

☆☆ Entoure le numéro de la question qui porte sur l'information la plus importante de la phrase en bleu.

Vendredi 13 juillet, vers 22 h 30, à l'occasion de l'inauguration du nouveau gymnase, un grand feu d'artifice sera tiré à Châteaulin, dans le Finistère, sur les bords du lac.

1. Depuis quand y a-t-il un nouveau gymnase à Châteaulin ?
2. Où se trouve Châteaulin ?
3. Que va-t-il se passer à Châteaulin ?

C'est dans le Parc Municipal de la Source qu'aura lieu, cette année, le 3e Festival des Oiseaux que tous les passionnés de nature attendent avec impatience !

1. Qui organisera le 3e Festival des Oiseaux ?
2. Où le 3e Festival des Oiseaux aura-t-il lieu ?
3. Pourquoi les passionnés de nature sont-ils impatients ?

Les premiers coups de pioche ont été donnés lundi à Métabel pour la construction de la nouvelle salle de spectacle qui ouvrira ses portes dans deux ans.

1. Qui a donné des coups de pioche à Métabel, lundi ?
2. Pourquoi construit-on une nouvelle salle de spectacle ?
3. La construction de la nouvelle salle de spectacle a-t-elle commencé ?

Entoure le nombre de bonnes réponses. 0 — 1 à 2 — 3

☆☆☆ Lis chaque réponse puis complète la question avec le mot de la liste qui convient. Attention à l'intrus !

Comment – Quand – De quoi – Où – Pourquoi

- .... le geai des chênes cache-t-il des glands ?
  Si cet oiseau cache des glands sous la mousse et les feuilles mortes, c'est pour pouvoir les manger plus tard, lorsqu'il ne trouvera plus de nourriture.

- .... les tortues luth se nourrissent-elles ?
  Leur menu se compose essentiellement de méduses mais il leur arrive aussi de manger des poissons, des oursins ou encore des algues !

- .... les daims vivent-ils ?
  La plupart vivent en captivité, dans les parcs animaliers, mais on en trouve quelques-uns qui vivent dans les forêts françaises, à l'état sauvage.

- .... la marmotte se repère-t-elle dans le noir ?
  Comme tous les rongeurs vivant dans des terriers, elle possède de longues moustaches qui lui servent d'antennes pour se diriger dans l'obscurité.

Entoure le nombre de bonnes réponses. 0 à 1 — 2 à 3 — 4

Reporte tes résultats dans la grille de suivi.

23 L'information du jour

☆☆ Coche la phrase qui résume le mieux l'information en bleu.

C'est une jeune nageuse française de 19 ans, originaire de Grenoble, qui a battu le record du monde du 100 m brasse. La compétition a eu lieu dans la toute nouvelle piscine olympique de Londres devant plus de 5 000 spectateurs !

☐ Une jeune Française nage devant plus de 5 000 spectateurs.
☐ Une jeune Française bat un record de natation à Londres.
☐ Il y a une piscine olympique à Londres.

Un incendie s'est brusquement déclaré dimanche soir, aux alentours de 22 heures, à Chambéry. Heureusement, il n'y a pas eu de victimes car les propriétaires de la maison, qui a été entièrement détruite, étaient absents au moment du drame !

☐ Une maison a brûlé à Chambéry, sans faire de victimes.
☐ Les propriétaires d'une maison à Chambéry étaient absents dimanche vers 22 heures.
☐ L'incendie qui a eu lieu à Chambéry s'est déclaré vers 22 heures.

Le 23 juillet, au petit matin, les soigneurs du zoo de Scoroff, en Bretagne, ont eu l'agréable surprise de découvrir un zébreau. Zéphira, une femelle zèbre pensionnaire du zoo depuis 4 ans, venait de donner naissance à son troisième petit !

☐ Les soigneurs du zoo ont eu une agréable surprise.
☐ Il y a une femelle zèbre au zoo depuis 4 ans.
☐ Un bébé zèbre est né au zoo de Scoroff.

Entoure le nombre de bonnes réponses. 0 | 1 à 2 | 3

☆☆ Complète les phrases en bleu avec le numéro du paragraphe qui convient.

n° 1 : Le *colibri d'Hélène*, dont la taille ne dépasse pas 55 mm, est un minuscule oiseau qui se nourrit du nectar de nombreuses fleurs. Il consomme également de petits insectes qu'il capture sur les feuilles ou en vol.

n° 2 : La *musaraigne étrusque*, qui mesure, sans la queue, 4 cm pour un poids de 2 g, est à peu près de la taille d'un bourdon ! C'est le mammifère le plus petit du monde !

n° 3 : Les pattes arrière de la *gerboise*, un petit rongeur qui vit dans le désert, sont quatre fois plus longues que ses pattes avant, ce qui lui permet d'avancer à grands bonds comme un kangourou. Elle peut parcourir, malgré sa petite taille, une dizaine de kilomètres en une seule nuit, ses bonds pouvant atteindre plusieurs mètres de long !

- La taille d'un animal est l'information principale du paragraphe n° . . .
- L'alimentation d'un animal est l'information principale du paragraphe n° . . .
- Le mode de déplacement d'un animal est l'information principale du paragraphe n°. . .

Entoure le nombre de bonnes réponses. 0 | 1 à 2 | 3

☆☆ Coche la phrase qui donne les mêmes informations que le paragraphe en bleu.

Pauline a soufflé ses neuf bougies au mois de février dernier. Depuis septembre, elle pratique le patinage artistique. Il lui faut s'entraîner énormément afin de pouvoir progresser.

☐ Pauline a commencé le patinage artistique il y a 9 ans mais depuis le mois de septembre, elle s'entraîne énormément car elle veut progresser !

☐ Pauline, 9 ans depuis février, doit beaucoup s'entraîner pour progresser en patinage artistique, une activité qu'elle a commencée en septembre.

☐ Depuis septembre, mois de ses 9 ans, Pauline s'entraîne beaucoup pour progresser en patinage artistique.

Pendant les vacances, Éva a fait un stage de tir à l'arc qui lui a beaucoup plu. Comme elle est passionnée par le Moyen Âge, elle s'est imaginé qu'elle était devenue un archer combattant aux côtés d'un chevalier ! Mais il lui faudra faire encore beaucoup de stages pour être aussi habile qu'un archer d'autrefois !

☐ Éva a fait un stage de tir à l'arc, avec des chevaliers et des archers du Moyen Âge qui lui ont beaucoup plu !

☐ Passionnée par le Moyen Âge, Éva a imaginé qu'elle était devenue un chevalier grâce au stage de tir à l'arc qu'elle a fait pendant les vacances avec un archer d'autrefois !

☐ Le stage de tir à l'arc qu'a fait Éva lui a tellement plu qu'elle a cru qu'elle était devenue un archer du Moyen Âge, une période de l'histoire qu'elle adore; mais hélas, un seul stage n'a pas suffi à la rendre aussi habile !

Entoure le nombre de bonnes réponses. 0 1 2

☆☆☆ Écris le numéro du titre qui convient pour chaque paragraphe. Attention à l'intrus !

1. Un arbre très toxique !
2. Conseil de prudence
3. Culture du mancenillier
4. Description du mancenillier

. . . Le mancenillier est un arbre toxique de cinq à vingt mètres de haut, à l'écorce grise et dont les fruits ressemblent à des petites pommes vertes. Il pousse dans les Antilles, généralement à proximité des plages.

. . . Le mancenillier fait partie des arbres les plus toxiques au monde car tout en lui est empoisonné (son écorce, ses fruits, ses feuilles, sa sève), ce qui lui a valu le surnom d'« arbre-poison » ou « arbre de mort ».

. . . En cas de pluie, il ne faut surtout pas s'abriter sous un mancenillier car l'eau, au contact de ses feuilles, devient acide et peut provoquer de graves brûlures sur la peau !

Entoure le nombre de bonnes réponses. 0 1 à 2 3

Reporte tes résultats dans la grille de suivi.

BIEN LIRE LES PHRASES

24 Où mettre le bon point ?

★★ **Ajoute les trois points qui manquent dans le paragraphe en t'aidant de l'indice en bleu.**

Gabrielle boit un chocolat et Sophie est dans la cuisine.

GABRIELLE S'EST ASSISE PRÈS DE LA FENÊTRE DE LA SALLE À MANGER POUR BOIRE SON CHOCOLAT LOUISE PREND UN BOL SUR L'ÉTAGÈRE DANS LA CUISINE SOPHIE, PENDANT CE TEMPS, PRÉPARE DU CAFÉ

Entoure le nombre de bonnes réponses. 0 1 à 2 3

★★★ **Récris le paragraphe de l'exercice ★★ en changeant la ponctuation. Aide-toi de l'indice en bleu. N'oublie pas les majuscules !**

Louise va boire un chocolat et elle est dans la cuisine.

Gabrielle s'est assise ....

....

....

Entoure le nombre de bonnes réponses. 0 1

★★★ **Lis chaque paragraphe puis complète le tableau avec le ou les prénoms qui conviennent. Attention à la ponctuation !**

1. Flora a attrapé une angine suite à la promenade à vélo qu'elle a faite sous la pluie avec Hector. Agnès est restée au froid tout le mercredi, elle a mal à la gorge depuis deux jours. Gil est très enrhumée.

2. Flora a attrapé une angine suite à la promenade à vélo qu'elle a faite sous la pluie. Avec Hector, Agnès est restée au froid tout le mercredi, elle a mal à la gorge. Depuis deux jours, Gil est très enrhumée.

3. Flora a attrapé une angine. Suite à la promenade à vélo qu'elle a faite sous la pluie avec Hector, Agnès est restée au froid tout le mercredi. Elle a mal à la gorge. Depuis deux jours, Gil est très enrhumée.

	Paragraphe 1	Paragraphe 2	Paragraphe 3
Qui est malade depuis deux jours ?			
Qui s'est promené à vélo sous la pluie ?			
Qui est resté au froid mercredi ?			

Entoure le nombre de bonnes réponses. 0 à 3 4 à 6 7 à 9

Reporte tes résultats dans la grille de suivi.

BIEN LIRE LES PHRASES

25 Le mot mystère

☆☆ **Complète avec le mot en bleu qui convient en t'aidant des indices donnés dans le paragraphe.**

- Il peut rouler et pourtant on ne peut pas l'utiliser pour se déplacer, ce qui est normal car ce n'est pas un véhicule. Cependant, ce n'est pas non plus un jouet.
C'est .... (un vélo / un ballon / un melon)

- On peut le trouver dans une chambre ou un salon. Toutefois, on ne peut pas s'allonger dessus ! Par contre, on peut l'utiliser pour jouer, bien que ce ne soit pas un jouet.
C'est .... (un lit / un piano / un cheval à bascule)

- Cet animal à cornes vit dans les prés et se nourrit de végétaux. Il est impossible de le traire car il ne produit pas de lait. L'attraper n'est pas difficile étant donné la lenteur avec laquelle il se déplace. C'est .... (un taureau / un escargot / une chèvre)

- On apprécie la fraîcheur de leur eau lorsqu'il fait chaud. Certaines ne sont pleines d'eau que l'hiver, d'autres le sont toute l'année. Dans certaines, il est déconseillé de plonger et la pêche n'y est pas toujours autorisée.
Ce sont .... (les piscines / les baignoires / les rivières)

Entoure le nombre de bonnes réponses. 0 à 1 — 2 à 3 — 4

☆☆☆ **Trouve le mot mystère qui convient pour chaque devinette. Attention, lis bien la devinette jusqu'au bout avant de répondre !**

- Lorsque je suis retenue par un élastique ou un ruban, je suis plutôt appréciée par les filles qui me portent de chaque côté de la tête. Enfermée dans une housse, je tiens chaud au dormeur, qu'il soit un garçon ou une fille. Qui suis-je ?
Je suis la ....

- Quand j'apparais sur les cheveux, au moment du shampoing, je suis généralement blanche et parfumée. Je suis blanche également quand on m'étale sur le visage avant de se raser. Par contre, quand je pousse sur les troncs d'arbres, je suis de couleur verte. Enfin, lorsque je suis de couleur marron, les amateurs de chocolat me mangent au dessert ! Qui suis-je ? Je suis la ....

- Lorsque je suis composée de plusieurs chiffres, il est indispensable de me connaître pour ouvrir un coffre-fort. Si je suis en tissu, on me porte surtout à la montagne, pour faire du ski sans avoir froid. Je suis également utile au mécanicien s'il ne veut pas salir ses vêtements en travaillant. Qui suis-je ? Je suis la ....

Entoure le nombre de bonnes réponses. 0 — 1 à 2 — 3

Reporte tes résultats dans la grille de suivi.

26 Qui, où, quand ?

☆☆ Lis le paragraphe en bleu puis entoure la réponse à la question.

- Malika s'engouffre vite à l'intérieur, juste au moment où les portes allaient se refermer. Il y a beaucoup de monde et rester debout dans ces conditions n'est pas très agréable. Un gros monsieur l'empêche d'accéder aux boutons mais Malika n'ose pas lui demander de se déplacer. Elle regrette déjà son choix et pense qu'elle aurait mieux fait de prendre l'escalier.

  Où se trouve Malika ? dans un bus / dans le train / dans un ascenseur

- Sa blessure était sévère et elle semblait souffrir énormément. Je lui fis immédiatement une piqûre pour soulager sa douleur, mais aussi afin de pouvoir l'examiner sans risque. Après un examen approfondi, je pus enfin rassurer sa maîtresse : la guérison serait longue mais elle remarcherait un jour sur ses quatre pattes !

  Qui parle ? un médecin / un vétérinaire / une infirmière

- *– L'île est à deux heures de bateau de la côte et l'endroit est infesté de requins.*
  – Pensez-vous qu'il soit bien prudent de s'y rendre ?
  – Vous n'avez plus le choix, vous avez été désignée pour accomplir cette mission !
  Yoko en profita pour prendre une poignée de pop-corn à Jules qui, enfoncé dans son siège, ne détourna même pas les yeux de l'écran.

  Où se trouvent Yoko et Jules ? sur une île / dans une agence de voyage / dans un cinéma

Entoure le nombre de bonnes réponses. 0 — 1 à 2 — 3

☆☆☆ Lis chaque paragraphe puis indique si c'est le début ou la fin d'une histoire.

- **L'aube se levait à peine lorsque le capitaine du navire, montant sur le pont, se saisit de sa longue-vue. Le voyage touchait à sa fin et tout l'équipage allait enfin pouvoir se reposer, après tant d'aventures. Mais ce que le capitaine vit alors, en scrutant l'horizon, le glaça d'horreur !** C'est .... d'une histoire.

- **Un beau jour, les bruits que Rafaël entendait dans sa chambre disparurent aussi mystérieusement qu'ils étaient apparus. Et, à partir de ce jour, il put enfin dormir sur ses deux oreilles.** C'est .... d'une histoire.

- **Un beau jour, les bruits que Rafaël entendait dans sa chambre disparurent aussi mystérieusement qu'ils étaient apparus. Intrigué, Rafaël voulut en savoir plus et il entreprit de mener une enquête minutieuse.** C'est .... d'une histoire.

Entoure le nombre de bonnes réponses. 0 — 1 à 2 — 3

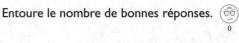

Reporte tes résultats dans la grille de suivi.

Bien lire les histoires

Objectif 1
Je repère les informations principales d'une histoire.

Objectif 2
Je comprends le sens d'une histoire.

L'attaque des pirates n'avait épargné aucun des ordinateurs de bord. Le vaisseau était devenu incontrôlable. Il errait dans l'espace et l'équipage comprit alors qu'il n'atteindrait jamais Planétia.
n°...
« À l'attaaaaaaaque ! » hurlèrent-ils en montant à l'assaut du bateau, brandissant leur épée d'un geste menaçant. Seul Gabin n'avait pas bougé. Il en avait assez de ces jeux de bébé. Il retira son déguisement de pirate et lança à ses cousins : « Bon, moi je vais me baigner ! Salut ! » Les vacances commençaient bien mal...
L'attaque avait été brève mais violente. Le *Sans Peur* était fortement endommagé et l'on comptait de nombreux blessés parmi l'équipage. Barbe Noire enrageait de n'avoir pu mettre la main sur la précieuse cargaison d'or de la *Santa Maria*.
n°...
n°...

Écris le numéro du titre du livre lu par chaque enfant. Attention à l'intrus !

n° 1 : À la poursuite du trésor des mers
n° 2 : Pirates de l'espace
n° 3 : Bip le dauphin
n° 4 : Des vacances sans surprise

27 Le mot est dans la marge

☆ Entoure le mot qui convient pour compléter le texte.

Un étrange cadeau d'anniversaire (1)

Marc-Antoine fête son anniversaire avec ses camarades Loulou, Léo, Fanny et Miléna. Il ne manque que Sandrine, qui n'a pas pu venir car elle gardait sa petite sœur. Soudain, on sonne à la porte de chez lui.

courir	Je suis allé . . . . , c'était un facteur que je ne connaissais	ouvrir
	pas, sans doute un spécial pour les colis express. Il voulait savoir	
gâteau	si j'étais bien Marc-Antoine : il avait un . . . . pour moi.	paquet
	Il aurait préféré le remettre à maman, seulement voilà,	
	il ne pouvait pas attendre, alors il me l'a donné. Mais d'abord,	
signe	il a fallu que je . . . . sur son carnet.	saigne
bouquet	Miléna m'a pris le . . . . des mains et en a examiné toutes	paquet
apporté	les faces pour voir qui l'avait . . . . Elle n'a rien trouvé.	expédié
reçu	– C'est bizarre, il n'y a pas écrit qui l'a . . . . Oh, c'est	envoyé
	sûrement Sandrine… Ben dis donc, elle fait les choses en grand !	
	Elle t'expédie ton cadeau en « collissimo ». Je ne pensais pas que	
	c'était livré si vite, quand même…	
contents	Ils étaient tous tellement . . . . de savoir ce que contenait le	pressés
	paquet qu'il a presque fallu que je le leur arrache des mains pour	
l'ouvrir	pouvoir . . . . moi-même. J'ai déchiré le papier… et alors	le ranger
	là… le ridicule ! J'ai regretté d'avoir ouvert devant eux !	
grand	C'était un loup en peluche, gris, assez petit et très	doux
	Les copains se sont fichus de moi, bien sûr. En fait, les peluches,	
besoin	j'adore ! Mais les autres n'ont pas . . . . de le savoir.	envie
	Quelle idée de m'offrir ça pour mon anniversaire.	
	Cette Sandrine, vraiment ! Ou elle l'a fait exprès, et ce n'est pas	
sympa	. . . . , ou alors elle n'est pas très maligne… C'est ce que	méchant
	j'ai pensé à ce moment-là, bien sûr. Parce que maintenant je sais	
	à quoi m'en tenir. *(à suivre…)*	

Entoure le nombre de bonnes réponses. 0 à 4 | 5 à 7 | 8 à 11

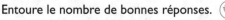

Objectif 1 : Je repère les informations principales d'une histoire.

Un étrange cadeau d'anniversaire (2)

Alors que Marc-Antoine fête son anniversaire avec ses camarades, un facteur lui apporte un paquet contenant un loup en peluche et ses amis se moquent de lui !

Vers sept heures du soir, tous les copains étaient partis depuis un moment, quand on a frappé à la porte avec insistance. Maman est allée ouvrir. On était dans ma chambre avec Loulou, on finissait de ranger.

J'ai entendu des voix d'hommes.

– Vous n'auriez pas reçu un paquet cet après-midi ?

– …

– Ouais, par erreur ? Un paquet qui n'était pas pour vous ?

Maman était pressée, fatiguée, elle a répondu non d'un ton sec et elle a vite refermé la porte. J'ai regardé Loulou, il m'a regardé. Le papier d'emballage du loup en peluche traînait encore par terre, il s'est précipité dessus. Et il a poussé un cri.

– Oh la la, regarde ! Sur le colis, c'est marqué « M. Marc ANTOINE ». Tu vois, là, Marc, c'est le prénom et ANTOINE, c'est le nom de famille ! Il n'était pas pour toi ce paquet, sinon il y aurait eu écrit « M. Marc-Antoine MERCIER. » Vite, il faut aller leur rendre !

J'ai attrapé la peluche, le papier d'emballage et on s'est précipités sur le palier. Trop tard, il n'y avait plus personne. En revenant dans l'appartement, j'ai failli en parler à maman. Mais elle était de très mauvaise humeur ; je venais d'en prendre plein les oreilles parce que mes copains avaient écrasé des smarties partout sur la moquette.

Je l'entendais, dans la cuisine, qui battait les œufs pour l'omelette comme si elle voulait se venger sur eux. Alors j'ai préféré garder mes distances… et le silence.

Chantal Cahour, *Loulou la menace.*

★★ Lis *Un étrange cadeau d'anniversaire* (2) puis entoure les mots en bleu qui désignent le mot en gras.

- ll. 1-2 : « **on** a frappé à la porte avec insistance. » les copains / des hommes / le facteur
- l. 3 : « **on** finissait de ranger. » Loulou / Marc-Antoine et sa mère / Loulou et Marc-Antoine
- l. 9 : « **il** m'a regardé. » le loup en peluche / l'homme / Loulou
- l. 10 : « **il** s'est précipité dessus. » le loup en peluche / Loulou / Marc-Antoine
- l. 13 : « il faut aller **leur** rendre ! » les copains / les hommes / le facteur
- l. 14 : « **on** s'est précipités sur le palier. » Marc-Antoine et sa mère / Loulou et Marc-Antoine
- l. 15 : « **j**'ai failli en parler à maman. » Loulou / Marc-Antoine / la mère de Marc-Antoine
- l. 17 : « **mes** copains avaient écrasé des smarties partout » les copains de Loulou / les copains de Marc-Antoine / les copains de la mère de Marc-Antoine
- l. 18 : « Je **l**'entendais, dans la cuisine » Loulou / Marc-Antoine / la mère de Marc-Antoine
- ll. 18-19 : « comme si elle voulait se venger sur **eux**. » les hommes / les copains / les œufs

Entoure le nombre de bonnes réponses. 0 à 3 4 à 6 7 à 10

Reporte tes résultats dans la grille de suivi.

Objectif 1 : Je repère les informations principales d'une histoire.

28 À toi de choisir !

★ **Entoure le mot qui convient pour compléter le texte.**

Fée en solde (1)

Nina a fait des économies pour s'acheter une fée.

1. À force, j'ai fini par avoir vingt-huit ans / euros. Mais quand, toute fière, je l'ai donné / annoncé à ma copine Marion, elle s'est moquée de moi :
– Vingt-huit euros ? Pfff, ce n'est pas suffisant : la moindre fée vaut dix fois plus / moins !
J'étais sur le point de me décourager, lorsque…
– Cet été / après-midi, je vais au centre commercial, a annoncé maman. Tu m'accompagnes, Nina ? […]

2. Dans toutes les vitrines, il y avait de grandes banderoles : « SOLDES ».
– À la féerie, ils font des achats / soldes aussi ? ai-je demandé à maman.
– Tu n'as qu'à aller voir, m'a-t-elle répondu.
La féerie est coincée entre l'animalerie et le magasin de jeux vidéo. J'y ai couru d'une traite.
Sur la devanture, s'étalait un grand carreau / panneau :

50 % DE REMISE SUR LES FÉES DÉFRAÎCHIES

Le cœur battant / serré, je suis entrée. Une vendeuse m'a accueillie.
– Bonjour, ma petite, que puis-je pour toi ?
– Euh… je viens pour les fées perdues / défraîchies.
Elle m'a indiqué une cage où voletaient des créatures ailées, jolies comme tout. Mais l'une avait la jambe dans le plâtre, la deuxième un œil au cœur / beurre noir, la troisième une aile en écharpe, et ainsi de suite.
– Ooooh, les chanceuses / pauvres ! ai-je dit. Qu'est-ce qui leur est arrivé ?
– Elles se sont battues, c'est pour ça que je les brade.
Devant mon air effaré, elle a ajouté :
– Ne t'inquiète pas, elles guériront vite. En plus, leurs pouvoirs / potions magiques sont intacts. […] Celle-là, par exemple, fait apparaître des sapins de Noël à n'importe quelle saison. Cette autre fée / transforme les tartines en gâteaux. Et la petite blonde qui boite donne la parole aux poupées…
Ça, ça m'a bien plu comme pouvoir magique. J'ai toujours rêvé de voyager / bavarder avec mes Barbies.
– Combien elle paye / coûte ? ai-je demandé.
– Cent cinquante euros.
– Zut, je n'en ai que vingt-huit… *(à suivre p. 50)*

Entoure le nombre de bonnes réponses. 0 à 5 | 6 à 10 | 11 à 14

Objectif 1 : Je repère les informations principales d'une histoire.

☆ Entoure le mot en bleu qui a le même sens que le mot souligné.

- « Pfff, ce n'est pas suffisant » assez / trop / malin
- « J'y ai couru d'une traite. » vite / sans m'arrêter / sans me tromper
- « La moindre fée vaut dix fois plus ! » la plus petite / la plus jolie / cette
- « J'étais sur le point de me décourager » décidée à / prête à / obligée de
- « Elle m'a indiqué une cage » proposé / donné / montré
- « Devant mon air effaré » effroyable / stupide / effrayé
- « 50 % de remise sur les fées défraîchies » plus / augmentation / réduction

Entoure le nombre de bonnes réponses. 0 à 2 / 3 à 5 / 6 à 7

☆☆ Coche le nom du personnage qui peut remplacer « elle ».

- « **Elle** s'est moquée de moi » ☐ maman ☐ la vendeuse ☐ Marion
- « Tu n'as qu'à aller voir, m'a-t-**elle** répondu » ☐ maman ☐ la vendeuse ☐ Marion
- « **Elle** m'a indiqué une cage » ☐ maman ☐ la vendeuse ☐ la fée
- « Devant mon air effaré, **elle** a ajouté » ☐ maman ☐ la vendeuse ☐ la fée
- « Combien **elle** coûte, ai-je demandé » ☐ Nina ☐ la vendeuse ☐ la fée

Entoure le nombre de bonnes réponses. 0 à 1 / 2 à 3 / 4 à 5

☆☆ Barre les explications fausses par rapport au texte.

- Nina croit qu'elle a économisé assez d'argent.
- La mère de Nina veut profiter des soldes pour s'acheter une fée.
- La féerie est un magasin dans lequel on vend des fées.
- La mère de Nina dit à sa fille qu'il y a des soldes à la féerie.
- Les fées sont en solde parce qu'elles se sont blessées en se battant.
- Il n'y a que trois fées dans la cage.
- Les fées de la cage sont blessées mais jolies.
- La vendeuse rassure Nina en lui disant que les fées vont retrouver leur pouvoir.
- Les fées du magasin ont toutes le même pouvoir magique.
- La fée que choisit Nina est blonde, elle boite et a le pouvoir de parler aux poupées.
- Nina a trouvé une fée qui lui plaît mais elle est trop chère pour elle.

Entoure le nombre de bonnes réponses. 0 à 2 / 3 à 4 / 5 à 6

Reporte tes résultats dans la grille de suivi.

29 C'était quand ?

La naissance de Pinocchio

Le vieux Geppetto rapporte chez lui un morceau de bois pour fabriquer un pantin.

À peine rentré chez lui, Geppetto prit vivement ses outils et se mit à tailler et à fabriquer son pantin.
– Quel nom vais-je lui donner ? se demanda-t-il en lui-même. Je vais l'appeler Pinocchio. [...]
Quand il eut trouvé le nom de son pantin, il commença à vraiment bien travailler, et lui fit tout de suite les cheveux, puis le front, puis les yeux.
Les yeux terminés, imaginez sa stupeur quand il s'aperçut que ces yeux remuaient et le regardaient fixement.
Geppetto, en se voyant regardé par ces deux yeux de bois, fut sur le point de se trouver mal, et dit d'un ton irrité :
– Vilains yeux de bois, pourquoi me regardez-vous ?
Personne ne répondit.
Alors, après les yeux, il fit le nez ; mais, à peine fait, le nez commença à grandir : et il grandit, il grandit, il grandit... En quelques minutes il devint un nez qui n'en finissait pas.
Le pauvre Geppetto s'épuisait à le retailler ; mais plus il le retaillait et le raccourcissait, plus ce nez impertinent s'allongeait !
Après le nez, il fit la bouche.
La bouche n'était pas encore terminée qu'elle commença à rire et à se moquer de lui.
– Arrête de rire ! dit Geppetto piqué au vif ; mais ce fut comme parler à un mur. Arrête de rire, je te dis ! cria-t-il d'une voix menaçante.
Alors la bouche s'arrêta de rire, mais sortit une langue démesurée. [...]
Geppetto fit semblant de ne pas s'en apercevoir et continua à travailler. Après la bouche, il fit le menton, puis le cou, puis les épaules, l'estomac, les bras et les mains.
À peine les mains étaient-elles terminées que Geppetto sentit sa perruque s'enlever de sa tête. Il leva les yeux, et que vit-il ? Il vit sa perruque jaune dans les mains du pantin.
– Pinocchio !... rends-moi tout de suite ma perruque !
Mais Pinocchio, au lieu de lui rendre la perruque, se la mit sur sa tête à lui, et resta là-dessous à moitié étouffé. À ce geste insolent et moqueur, Geppetto devint tout triste et mélancolique comme il ne l'avait jamais été de sa vie ; et se tournant vers Pinocchio, il lui dit :
– Diable d'enfant ! Tu n'es même pas terminé, et déjà tu manques de respect à ton père ! Ce n'est pas bien, mon garçon, ce n'est pas bien !
Et il essuya une larme.
Il restait toujours à faire les jambes et les pieds.
Quand Geppetto les eut terminés, il reçut un coup de pied sur le bout de son nez.
– C'est bien fait, se dit-il alors en lui-même. Il fallait y penser avant, maintenant c'est trop tard.

Objectif 1 : Je repère les informations principales d'une histoire.

Il prit alors le pantin sous les bras et le posa par terre, sur le parquet de la pièce, pour le faire marcher. Pinocchio avait les jambes engourdies et ne savait pas s'en servir, aussi Geppetto le tenait-il par la main et le guidait-il pour lui apprendre à mettre un pied devant l'autre. Quand ses jambes se furent bien dégourdies, Pinocchio commença à marcher tout seul et à courir à travers la pièce ; et brusquement, il prit la porte, bondit dans la rue et s'enfuit.

Carlo Collodi, *Les aventures de Pinocchio*, trad. Nathalie Castagné

★ **Lis *La naissance de Pinocchio* puis numérote toutes les parties du corps du pantin dans l'ordre de leur fabrication.**

☐ nez ☐ estomac ☐ pieds ☐ bouche ☐ mains

☐ front ☐ bras ☐ menton ☐ cou ☐ yeux

☐ épaules [1] cheveux ☐ jambes

Entoure le nombre de bonnes réponses. 0 à 4 5 à 8 9 à 12

★★ **Coche la suite qui convient pour chaque phrase.**

- Dès que les yeux du pantin sont terminés…

☐ ils remuent et fixent Geppetto. ☐ ils regardent Geppetto avec stupeur.

- La bouche du pantin est à peine terminée qu'il…

☐ tire la langue puis se met à rire. ☐ se met à rire puis tire la langue.

- Dès que ses mains sont terminées, le pantin prend…

☐ sa perruque et la met sur la tête de Geppetto.

☐ la perruque de Geppetto puis la met sur sa tête.

- Quand les jambes et les pieds sont terminés…

☐ Geppetto fait marcher le pantin qui lui donne alors un coup de pied.

☐ le pantin donne un coup de pied à Geppetto. Puis Geppetto le fait marcher.

- Quand Geppetto pose le pantin sur le parquet…

☐ il se met aussitôt à courir puis se sauve.

☐ il apprend à marcher, puis à courir et finit par se sauver.

Entoure le nombre de bonnes réponses. 0 à 1 2 à 3 4 à 5

★★ **Relie le début et la fin de chaque phrase.**

Quand Pinocchio met la perruque de Geppetto •	• celui-ci se fâche.
Quand Pinocchio tire la langue à Geppetto •	• celui-ci se met à grandir.
Quand Geppetto taille le nez •	• celui-ci devient triste.
Quand la bouche du pantin se moque de Geppetto •	• celui-ci continue à travailler.

Entoure le nombre de bonnes réponses. 0 à 1 2 à 3 4

Reporte tes résultats dans la grille de suivi.

Objectif 1 : Je repère les informations principales d'une histoire.

30 C'était où ?

Le Pays Sauvage (1)

La chapelle de St. Cuthbert, ou du moins ce qui en restait, se trouvait sur un terrain abandonné, situé dans le recoin le plus éloigné du lotissement. C'était une vieille ruine sans toiture dont les murs et les arches croulants sombraient peu à peu dans l'oubli. Elle aurait dû être rasée par les bulldozers lors de la construction de la cité, mais elle avait été miraculeusement épargnée, grâce à une loi sur la protection des monuments historiques, disait-on. On avait donc installé une clôture en fil de fer barbelé autour des ruines et du cimetière attenant, avec cette pancarte : « Accès interdit. Danger. Chute de pierres. »

La plupart des gamins du lotissement ne franchissaient pas cette limite, moins à cause de la pancarte, que parce que la rumeur racontait que des fantômes hantaient le cimetière. […]

Billy n'avait pas du tout l'esprit aventureux, mais il ne croyait plus aux fantômes depuis longtemps, et ce qui était défendu l'attirait irrésistiblement, comme tous les gamins de son âge. Un après-midi, au cours d'une de ses longues promenades solitaires […], il avait vu une grande chouette blanche passer au-dessus de sa tête et aller se poser là-haut, sous une arche de l'église en ruine. Voulant l'examiner de plus près, il avait soulevé les barbelés et s'était faufilé dessous… C'est ainsi qu'il avait découvert le Pays Sauvage. *(à suivre...)*

☆ Lis *Le Pays Sauvage (1)* puis relie chaque début de phrase à la fin qui convient.

La chapelle de St. Cuthbert se trouve sur •	• une clôture.
À côté de la chapelle, on peut voir •	• du lotissement.
Autour de la chapelle, on a installé •	• un terrain abandonné.
La chapelle a l'aspect d' •	• un cimetière.
La chapelle est dans un recoin éloigné •	• une vieille ruine sans toiture.

Entoure le nombre de bonnes réponses. 0 à 1 — 2 à 3 — 4 à 5

☆☆ Coche le dessin qui correspond à la description de la chapelle de St. Cuthbert.

Entoure le nombre de bonnes réponses. 0 — 1

Objectif 1 : Je repère les informations principales d'une histoire.

Le Pays Sauvage (2)

Billy pénètre dans le Pays Sauvage, un terrain abandonné où se dresse une chapelle en ruines…

Depuis ce premier soir, Billy y retournait chaque fois qu'il le pouvait ; il commençait par rôder furtivement le long de la clôture en s'assurant qu'aucun gamin ne l'avait suivi. Il se glissait sous la clôture – qu'il n'oubliait jamais de redresser derrière lui – et il se frayait un chemin vers le petit cimetière, à travers un sous-bois de ronces et de lauriers. Là, à l'abri des regards de la cité, dans un autre monde, Billy trouvait enfin la paix. Il pouvait s'allonger sur l'herbe spongieuse et regarder les alouettes fendre le ciel et disparaître dans le soleil. Il pouvait observer les chouettes, nichées au sommet de la chapelle ; il pouvait écouter le concert bruyant des moineaux, répondre à l'appel insistant du verdier en imitant son cri, applaudir en silence la danse délicate des bergeronnettes sur les pierres tombales. Au crépuscule, s'il restait immobile assez longtemps, les lapins sortaient timidement de leurs terriers, le nez frémissant. Pas besoin du réconfort de ses chers livres, dans un tel paradis. Il lui suffisait d'y pénétrer pour oublier tout le reste. Peu à peu, il en vint à connaître chaque oiseau, chaque créature qui peuplait son Pays Sauvage. Au printemps, il s'efforçait de protéger les oisillons nouveau-nés contre la horde des chats prédateurs échappés du lotissement. Un bon coup de fronde les dissuadait en général de revenir. Billy était devenu le seigneur de son domaine, son maître et son gardien.

Le secret du renard © 1984, Michael Morpugo.

☆☆ Lis *Le Pays Sauvage (2)* puis relie les trois parties de chaque phrase.

L'alouette •	• sort de •	• le ciel.
La chouette •	• vole dans •	• son terrier.
La bergeronnette •	• niche au sommet de •	• les tombes.
Billy •	• danse sur •	• l'herbe spongieuse.
Le lapin •	• est allongé sur •	• la chapelle.

Entoure le nombre de bonnes réponses. 0 à 1 – 2 à 3 – 4 à 5

☆☆ Complète avec les mots de la liste qui conviennent. N'utilise chaque mot qu'une seule fois. Attention à l'intrus !

dans – à travers – derrière – le long de – sous – vers – sur – au-dessus de

Pour entrer dans le Pays Sauvage, Billy rôde .... la clôture en vérifiant qu'aucun enfant ne l'a suivi. Il se glisse .... la clôture sans oublier de la redresser .... lui. Puis il marche .... le cimetière, ... un sous-bois de ronces et de lauriers. Enfin, il s'allonge .... l'herbe pour observer les oiseaux .... le ciel.

Entoure le nombre de bonnes réponses. 0 à 2 – 3 à 4 – 5 à 7

Reporte tes résultats dans la grille de suivi.

31 Le bon paragraphe

Fée en solde (2)

Nina a trouvé une fée en solde qui lui plaît mais elle est trop chère.

3. La vendeuse a réfléchi quelques instants, puis m'a fait signe de la suivre…
Dans le recoin le plus sombre de l'arrière-boutique, il y avait une cage rouillée. Et à l'intérieur, une fée moche, mais moche !

– Voilà tout ce que je peux te proposer pour ce prix-là.
Ma première réaction a été de refuser. Une fée aussi vilaine, franchement, j'aurais honte de la montrer à mes copines, surtout Marion.
– C'est une bonne affaire, tu sais ! a insisté la vendeuse.
– Qu'est-ce qu'elle a comme pouvoir magique ? ai-je demandé, des fois que…
– Elle taille les crayons.
En plus, son pouvoir était nul. Un taille-crayon, j'en avais déjà un.
J'ouvrais la bouche pour dire que non, vraiment, ça ne m'intéressait pas, quand la petite fée m'a lancé un de ces regards ! Un regard qui suppliait : « Emmène-moi, s'il te plaît ! »
Impossible de résister à un regard pareil ! J'ai soupiré :
– Bon, d'accord, je la prends. […]

4. Le lendemain, en classe, au lieu de cacher la fée dans ma poche, je l'ai rangée dans ma trousse. Pour une fée taille-crayon, c'était tout indiqué.
La moche fée n'était pas encombrante, ça non ! J'avais presque l'impression de ne pas en avoir. Comme si j'avais payé vingt-huit euros pour… rien. Quel gâchis !
Le soir, en rentrant de l'école, je ruminais ma déception lorsque je me suis trouvée nez à nez avec Frank.
Frank, c'est le gros costaud du collège d'à côté. Nous, on a peur de lui parce qu'il veut toujours nous racketter.
– Salut, Nina ! m'a-t-il lancé. Paraît que t'es riche ? […]
Il a foncé vers moi d'un air féroce. J'ai eu tellement la trouille que j'ai lâché mon cartable.
Il l'a ramassé et s'est mis à fouiller dedans, éparpillant mes livres et mes cahiers. […] Il a sorti ma trousse.
Ma fée ! Il allait la découvrir et peut-être… lui faire du mal.
– Laisse ça ! ai-je crié.
Il s'est contenté de rire en ouvrant la fermeture Éclair, et là… là…
D'un coup, ma fée a jailli. Elle brandissait un crayon hyper pointu. Et avant que Frank comprenne ce qui lui arrivait, elle l'a piqué partout. Il s'est sauvé en hurlant qu'il avait été attaqué par un moustique géant.

Gudule, *La confiture de fées* © Nathan Poche, 2006.

Objectif 2 : Je comprends le sens d'une histoire.

☆☆ Lis *Fée en solde (2)* puis coche la ou les bonnes explications.

- La fée que propose la vendeuse ne vaut que vingt-huit euros car…
  ☐ elle n'est pas jolie. ☐ elle est méchante. ☐ son pouvoir n'est pas intéressant.
- Nina finit par acheter la fée car…
  ☐ elle a peur d'elle. ☐ elle a pitié d'elle. ☐ elle a perdu son taille-crayon.
- Frank fouille dans le sac de Nina pour lui voler…
  ☐ son argent. ☐ sa fée. ☐ sa trousse.
- Frank se sauve en hurlant car…
  ☐ il a compris ce qui lui arrivait. ☐ il a eu mal. ☐ il a eu peur.
- La fée s'est servie de son pouvoir pour…
  ☐ tailler le crayon de Nina. ☐ attaquer Frank. ☐ défendre Nina.

Entoure le nombre de bonnes réponses. 0 à 3 — 4 à 6 — 7 à 9

☆☆ Relis *Fée en solde (1)* p. 44 et *(2)*, puis coche la ou les cases qui conviennent dans le tableau.

	à l'école	dans la rue	au centre commercial	L'histoire ne permet pas de le savoir.
Le paragraphe **1** se passe…				
Le paragraphe **2** se passe…				
Le paragraphe **3** se passe…				
Le paragraphe **4** se passe…				

Entoure le nombre de bonnes réponses. 0 à 1 — 2 à 3 — 4 à 5

☆☆☆ Il manque le dernier paragraphe de l'histoire. Coche celui qui convient.

☐ **5.** Depuis ce jour, je n'ai plus honte de ma fée. Elle n'est peut-être pas très méchante mais c'est la fée la plus jolie du monde. Et tous mes copains tremblent devant elle. Quant à Frank, vous savez quoi ? Maintenant, c'est lui qui a peur de nous !

☐ **5.** Depuis ce jour, je n'ai plus honte de ma fée. Elle n'est peut-être pas très belle mais c'est la fée la plus courageuse du monde. Et tous mes copains en raffolent. Quant à Frank, vous savez quoi ? Maintenant, c'est lui qui rackette tout le monde !

☐ **5.** Depuis ce jour, je n'ai plus honte de ma fée. Elle n'est peut-être pas très belle mais c'est la fée la plus courageuse du monde. Et tous mes copains en raffolent. Quant à Frank, vous savez quoi ? Maintenant, c'est lui qui a peur de nous !

Entoure le nombre de bonnes réponses. 0 — 1

Reporte tes résultats dans la grille de suivi.

32 De qui et de quoi s'agit-il ?

Le cake au savon

Mathieu a accepté, par gourmandise, de se rendre à la fête organisée par Moulinet, un garçon de sa classe qu'il n'aime pas trop. Il a déjà mangé beaucoup de bonbons et de gâteaux...

1. Tout était excellent, à part le cake qui avait un goût de savon ; j'ai bien regretté d'en avoir pris une si grosse tranche ! Quand j'en suis venu à bout, enfin, j'avais un drôle de poids sur l'estomac.

– Tu viens, Mathieu ? m'a demandé Moulinet, ma sœur Valentine veut qu'on joue à cache-tampon !
– Très bien, mais commencez sans moi, ai-je répondu mollement.
Et je vais m'asseoir sur un divan, à l'écart, pour essayer d'oublier le goût du cake.
Survient la mère de Moulinet. Elle m'aperçoit, s'arrête.

– Qu'est-ce que vous faites là, tout seul ? Dépêchez-vous d'aller goûter, voyons, avant que tous les plats soient vides !
– Euh euh, Madame, c'est-à-dire que…
– Suivez-moi.

2. Quelques instants plus tard, j'étais attablé devant une part de tarte, quatre sandwichs, et le cake, le redoutable cake au savon… Comment refuser ? Je fourrais les morceaux dans ma bouche en essayant de les avaler d'un seul coup : peine perdue, j'avais l'impression de déguster une savonnette !
– C'est bon ? Cela vous plaît ? me répétait la dame en souriant.
– Oh oui, Madame !

Vrai, j'aurais voulu la mordre !... Enfin, enfin, j'arrive à avoir raison du cake, et, suffoquant, pris de nausées, je m'éclipse avec un « merci » indistinct.
Ah, voici une porte, un couloir sombre…
– Eh là, vous vous trompez, c'est la cuisine par ici !
La tante !... J'esquisse un geste de recul, mais elle me saisit par le bras, d'une poigne vigoureuse.

3. – Vous cherchez le buffet, sans doute ? Attendez, je vais vous y conduire.
Au buffet ? encore ? Je me sens pris de panique.
– Non, non, dis-je d'une voix étranglée, je voulais seulement…
– Boire un jus de fruits ? Manger quelques friandises ? Je crains que nos gourmands n'aient pas laissé grand-chose, mais il doit cependant rester un peu de cake. Nous allons voir ça.
Elle me poussait, bon gré mal gré, vers la porte, lorsque Moulinet surgit derrière nous.
– Où étais-tu donc passé ? On va jouer aux charades, tu viens ?
Jamais je n'avais été aussi content de le voir, ce brave Moulinet ! La tante a bien essayé de reparler du cake, mais nous avions déjà regagné la grande salle où le nouveau jeu battait son plein.

4. Dès que j'ai pu, j'ai essayé de partir, ulcéré, secoué de hoquets, envoyant la petite fête à tous les diables. J'allais atteindre le palier, enfin, lorsque quelqu'un m'agrippe par l'épaule. Et qui était-ce, sinon la tante de Moulinet ?
– Vous nous quittez sans avoir fait honneur au buffet ? Quel dommage ! me dit-elle en me tapotant le cou. Je suis désolée, vraiment, mais je ne voudrais pas que… Tenez, prenez au moins ceci.
Elle me tend un assez gros paquet mou, informe, met un doigt sur ses lèvres, et disparaît. Et qu'y avait-il dans le paquet, je vous le donne en mille ?

D'après Colette Vivier, *La nuit des surprises*, D.R.

☆☆ Lis *Le cake au savon* puis coche l'explication qui convient pour chaque phrase en bleu.

« Quand j'en suis venu à bout, enfin, j'avais un drôle de poids sur l'estomac. » **(paragraphe 1)**
- ☐ Mathieu réussit à terminer le cake, mais après, il a du mal à digérer.
- ☐ Mathieu est très énervé et cela lui donne mal au ventre.

« Enfin, enfin, j'arrive à avoir raison du cake, et, suffoquant, pris de nausées, je m'éclipse avec un " merci " indistinct. » **(paragraphe 2)**
- ☐ Mathieu avait raison : ce cake l'a rendu malade et il peut à peine dire merci avant de partir.
- ☐ Mathieu finit le cake mais il se sent si mal qu'il peut à peine dire merci avant de s'en aller.

« Vous nous quittez sans avoir fait honneur au buffet ? » **(paragraphe 4)**
- ☐ La tante croit que Mathieu part sans savoir où se trouve le buffet.
- ☐ La tante croit que Mathieu n'aime pas les gâteaux du buffet.
- ☐ La tante croit que Mathieu part sans avoir goûté les gâteaux du buffet.

« Et qu'y avait-il dans le paquet, je vous le donne en mille ? » **(paragraphe 4)**
- ☐ Mathieu parie mille euros qu'il y a du cake dans le paquet.
- ☐ Mathieu nous donne le paquet.
- ☐ Mathieu nous laisse deviner ce que contient le paquet.

Entoure le nombre de bonnes réponses. 0 à 1 2 à 3 4

☆☆ Complète chaque phrase de l'histoire avec les mots qui conviennent. Le même mot peut être utilisé plusieurs fois. Attention à l'intrus !

Mathieu – Valentine – la tante – la mère – Moulinet

- – Très bien, mais commencez sans moi, dit .... à ....
- – Qu'est-ce que vous faites là, tout seul ? demande .... à ....
- – Euh euh, Madame, c'est-à-dire que, bredouille .... à ....
- – Suivez-moi, ordonne .... à ....

- – Eh là, vous vous trompez, c'est la cuisine par ici ! dit .... à ....
- – On va jouer aux charades, tu viens ? propose .... à ....

Entoure le nombre de bonnes réponses. 0 à 4 5 à 8 9 à 12

☆☆ Écris le nom du personnage qui peut remplacer « elle » dans chaque phrase.

la sœur – la tante – la mère

- **Elle** donne de la tarte, des sandwichs et du cake à Mathieu.
  C'est .... de Moulinet.
- **Elle** dit à Mathieu qu'il se trompe de chemin pour aller au buffet.
  C'est .... de Moulinet.
- **Elle** arrive au moment où Mathieu essaye de digérer la part de cake, assis sur un divan.
  C'est .... de Moulinet.
- **Elle** agrippe Mathieu par l'épaule, sur le palier. C'est .... de Moulinet.
- **Elle** propose de jouer à cache-tampon. C'est .... de Moulinet.

Entoure le nombre de bonnes réponses. 0 à 1 2 à 3 4 à 5

☆☆☆ Lis les trois fins possibles pour *Le cake au savon* puis entoure le mot en bleu qui convient.

Fin n° 1 Catastrophé, ne sachant comment me débarrasser du gâteau, je rentre chez moi. Je pose le paquet dans la cuisine et vais m'allonger sur mon lit pour essayer de digérer un peu. Mon petit frère arrive soudain dans ma chambre et me dit :
– Dis donc, il est drôlement bon le gâteau qui était dans la cuisine ! J'espère que tu n'en voulais pas parce que j'ai tout mangé !
L'histoire se termine **bien** / **mal** pour Mathieu.

Fin n° 2 Je rentre le plus vite possible chez moi avec une seule idée en tête : dormir et ne plus avaler une seule miette avant le lendemain ! J'ai à peine franchi le seuil de l'appartement que ma mère me crie :
– J'ai essayé une recette de cake que m'avait donnée Mme Moulinet. Tu viens le goûter ?
L'histoire se termine **bien** / **mal** pour Mathieu.

Fin n° 3 Désespéré, je prends le bus pour rentrer au plus vite chez moi. Que faire de ce gâteau ? Le jeter ? Le manger ? Le donner ? Perdu dans mes pensées, je m'aperçois au dernier moment que je suis arrivé ! Je bondis de mon siège et me précipite dehors. Alors que le bus s'éloigne, je réalise soudain que j'ai oublié le paquet sur le siège…
L'histoire se termine **bien** / **mal** pour Mathieu.

Entoure le nombre de bonnes réponses. 0 1 à 2 3

Reporte tes résultats dans la grille de suivi.

BIEN LIRE LES HISTOIRES

33 Drôles d'histoires !

☆☆ **Lis chaque histoire drôle puis coche la ou les suites qui conviennent.**

Histoire n° 1

Martin réclame 4 euros à son papa.

– Pourquoi as-tu besoin de 4 euros ? lui demande-t-il.

– C'est pour les donner à une vieille dame, explique Martin.

– Ah ! c'est gentil de ta part, le félicite son père. Et où se trouve cette vieille dame ?

– Là-bas, sur la place de la mairie, elle vend des glaces !

☐ « Et moi qui croyais que mon fils n'aimait pas les glaces ! » s'exclame alors le père.

☐ « Et moi qui croyais que mon fils était devenu généreux ! » s'exclame alors le père.

☐ « Et moi qui croyais que les glaces valaient moins de 4 euros ! » s'exclame alors le père.

Histoire n° 2

Alex regarde d'un air préoccupé la porte d'entrée d'une maison. Une dame passe et lui demande :

– Eh bien, mon garçon, que se passe-t-il ?

– Je suis trop petit pour atteindre la sonnette ! répond Alex.

– Je vais t'aider, propose alors la dame.

Elle soulève Alex pour lui permettre d'atteindre la sonnette.

– Merci beaucoup, madame, dit-il, mais maintenant il faut courir, sinon nous allons nous faire gronder !

☐ La dame réalise alors que le garçon voulait sonner à la porte pour faire une blague !

☐ Aussitôt, la dame regrette d'avoir aidé l'enfant car ses parents lui ont sans doute interdit de parler aux inconnus !

☐ Furieuse, la dame s'écrie : « Petit chenapan ! Tu t'es servi de moi pour faire une mauvaise blague ! »

Entoure le nombre de bonnes réponses. 0 1 à 2 3

BIEN LIRE LES HISTOIRES

☆☆ **Même exercice.**

Histoire n° 3

« Maman, j'ai décidé de t'offrir, avec mon argent de poche, un joli vase en cristal ! s'exclame Paul.

– Oh ! comme c'est gentil ! lui dit sa mère, mais tu sais, j'en ai déjà un !

– Disons plutôt que tu en *avais* déjà un », lui répond Paul d'une petite voix embarrassée.

☐ La mère de Paul comprend alors que son fils lui achète un vase par gentillesse.

☐ La mère de Paul comprend alors que son fils ne lui offre pas un vase par gentillesse mais pour remplacer celui qu'il a cassé.

☐ La mère de Paul comprend alors que son fils a cassé un vase.

☐ Paul comprend alors que sa mère n'a pas besoin d'un autre vase.

Histoire n° 4

Un touriste loue un chameau pour faire une promenade dans le désert. Le chamelier lui explique comment diriger son chameau :

– Pour le faire avancer, vous dites « OUF ». Pour qu'il aille un peu plus vite, dites-lui : « OUF-OUF » et si vous voulez le faire galoper, dites « OUF-OUF-OUF ». Pour l'arrêter, c'est simple : vous dites « STOP ».

Le touriste dit « OUF-OUF » et le chameau se met à trottiner. Voulant aller un peu plus vite, il crie au chameau : « OUF-OUF-OUF » et le voilà parti au galop à travers le désert. Mais soudain, il aperçoit au dernier moment un précipice :

– STOOOOP ! hurle le touriste affolé.

Heureusement, le chameau, qui est bien dressé, s'arrête net au bord du précipice.

– OUF ! s'exclame le touriste soulagé…

☐ Le touriste réalise, trop tard, qu'il n'aurait pas dû prononcer ce mot !

☐ Le touriste, soulagé, descend du chameau et repart à pied.

☐ Le chameau, entendant le mot « OUF », redémarre et tombe dans le précipice !

☐ Hélas, le chameau, qui est bien dressé, se remet en route !

Entoure le nombre de bonnes réponses. 0 à 1 2 à 3 4 à 5

BIEN LIRE LES HISTOIRES

☆☆☆ **Relis les quatre histoires (pp. 55-56) puis écris le numéro qui convient.**

- Dans cette histoire, un enfant se sert d'un adulte pour faire une bêtise. Histoire n°…
- Dans cette histoire, un enfant essaye de faire croire qu'il est généreux alors qu'en réalité, il veut cacher la bêtise qu'il a faite. Histoire n°…
- Dans cette histoire, un adulte commet une erreur qui le met en danger. Histoire n°…
- L'adulte de cette histoire croit rendre service à un enfant. Histoire n°…
- Dans ces histoires, un adulte croit que son enfant est généreux mais il se trompe. Histoires n°… et n°…

Entoure le nombre de bonnes réponses. 0 à 2 3 à 4 5 à 6

Reporte tes résultats dans la grille de suivi.

34 L'exercice du robot

Pas de chien pour Sophie

Sophie rêve d'avoir un animal mais ses parents, M. et Mme Bouton, refusent. Pourtant, le jour de son anniversaire, une surprise l'attend...

1. – Bon anniversaire, Sophie, dit Mme Bouton. Je te présente Crip : nous avons enfin trouvé le chien idéal : intelligent, obéissant et propre, garanti sans microbes. C'est un robot. Crip, cela veut dire **C**hien **R**obot **I**mité **P**arfaitement.
Dès que ses parents eurent refermé la porte derrière eux, Sophie entreprit d'expliquer à Crip ce qu'elle pensait de lui :

– Tu te prends pour un vrai chien, mais moi je sais que tu n'es qu'une machine, une boîte de conserve déguisée.
Ce petit discours ne plut pas à Crip. Il avança vers elle en montrant ses crocs, en plastique, mais très pointus tout de même.
– Si tu crois que tu m'impressionnes, mentit Sophie.
Et elle flanqua au robot un coup de pied.
Crip n'apprécia pas du tout. Que se passa-t-il dans son cerveau électronique ? Il se mit tout à coup à courir dans la cuisine en aboyant comme un fou. Il bondit sur la table et fit le ménage à sa manière : les bols et la cafetière volèrent. Et quand il ne trouva plus rien à casser dans la cuisine, Crip passa à la salle de séjour. Sophie essaya bien de l'arrêter. Mais dès qu'elle s'approchait, le chien robot montrait ses dents. Crip ressemblait parfaitement à un chien, mais enragé.
Enfin, Crip quitta la salle de séjour. Sophie le suivit prudemment. Le robot fou s'attaquait à la salle de bains. Sophie en profita pour l'enfermer. Ouf !

2. Lorsque M. et Mme Bouton rentrèrent, l'appartement ressemblait à un champ de bataille après le passage d'un ouragan.
– C'est Crip qui est détraqué, expliqua Sophie.
M. Bouton se précipita dans la salle de bains. On entendit des aboiements, des cris, des grondements, des hurlements. Enfin M. Bouton revint, la main ensanglantée :
– J'ai réussi à le déconnecter, dit-il, mais ce monstre m'a mordu. Je vais tout de suite chez le marchand de robots pour me faire rembourser cette machine.

3. Mme Bouton et Sophie commencèrent à déblayer la cuisine. Elles s'arrêtèrent vite, découragées. C'est alors que Mamie Julia arriva. Lorsqu'elle vit l'appartement dévasté, la vieille dame poussa des cris effarés. Il fallut la mettre au courant des prouesses du chien artificiel.
– Après tout, tant mieux ! dit Mamie Julia. Mon cadeau d'anniversaire pour Sophie n'aura plus grand-chose à démolir. Et elle sortit de son cabas une petite boule de poils gris qui miaulait.
– Il s'appelle Minet, annonça Mamie Julia.

Objectif 2 : Je comprends le sens d'une histoire.

4. Malheureusement Mme Bouton n'aimait pas non plus les chats. Sophie désespérait de la convaincre d'adopter Minet, quand M. Bouton rentra. Il portait un volumineux paquet. C'était une sorte de poubelle à roulettes.

– Encore un robot ! gémit Mme Bouton.

– Le vendeur n'a pas voulu me rembourser le chien détraqué, expliqua M. Bouton. Mais il m'a proposé de choisir un autre robot. J'ai pensé que celui-ci nous serait utile : c'est un **R**obot qui **F**ait le **M**énage.

– Eh bien, dit Mme Bouton, il peut commencer tout de suite. Et il aura du travail avec notre nouveau pensionnaire.

– Quel pensionnaire ? demanda M. Bouton.

– Minet, répondit Mme Bouton en montrant le chaton qui se faisait gaiement les griffes sur le reste du tapis.

D'après Annie Bournat, *Pas de chien pour Sophie*, D.R.

☆☆ Lis la phrase en bleu puis coche la bonne explication à l'aide du texte.

« Si tu crois que tu m'impressionnes, mentit Sophie. » (paragraphe 1)

☐ Sophie a peur du chien, mais elle ne veut pas le montrer.
☐ Sophie n'a pas peur du chien.
☐ Sophie fait semblant d'avoir peur du chien.

« Il bondit sur la table et fit le ménage à sa manière : les bols et la cafetière volèrent. » (paragraphe 1)

☐ Crip est un magicien qui sait faire voler les objets.
☐ Crip jette tout ce qui est sur la table.
☐ Crip voudrait faire le ménage mais il est maladroit.

« On entendit des aboiements, des cris, des grondements, des hurlements. » (paragraphe 2)

☐ Crip aboie, crie, gronde et hurle.
☐ M. Bouton aboie, crie, gronde et hurle.
☐ Crip aboie et M. Bouton crie, Crip gronde et M. Bouton hurle.

« Mon cadeau d'anniversaire pour Sophie n'aura plus grand chose à démolir. » (paragraphe 3)

☐ Maintenant que Crip est parti, il ne peut plus rien démolir dans l'appartement !
☐ Crip a fait tellement de dégâts que Minet n'a plus rien à casser !
☐ Le nouveau robot ne risque pas de faire de bêtises puisque Crip a tout cassé !

« Et il aura du travail avec notre nouveau pensionnaire. » (paragraphe 4)

☐ Le nouveau robot va nettoyer les bêtises du chaton.
☐ Le nouveau robot va nettoyer le chaton.
☐ Le nouveau robot va travailler avec le chaton.

Entoure le nombre de bonnes réponses. 0 à 1. 2 à 3 4 à 5

Objectif 2 : Je comprends le sens d'une histoire.

★★ **Lis chaque phrase puis écris le numéro de la réponse qui convient, en t'aidant du texte pp. 57-58.**

n° 1 : Vrai   n° 2 : Faux   n° 3 : L'histoire ne permet pas de le savoir.

- Crip casse tout car un fil s'est débranché dans son cerveau électronique. n°…
- Sophie n'arrive pas à arrêter Crip car dès qu'elle l'approche, il la mord. n°…
- Elle parvient à arrêter Crip en l'enfermant dans la salle de bains. n°…
- M. Bouton a été blessé par Crip. n°…
- Mamie Julia arrive quand M. Bouton est dans la salle de bains avec Crip. n°…
- Minet miaule parce qu'il a trop chaud dans le cabas. n°…
- À la fin de l'histoire, Mme Bouton accepte que Sophie ait un animal. n°…

Entoure le nombre de bonnes réponses. 0 à 2 · 3 à 5 · 6 à 7

★★★ **Coche le titre qui résume le mieux chaque paragraphe de *Pas de chien pour Sophie*.**

Paragraphe 1 :	☐ Les crocs en plastique ☐ Vive les robots !	☐ Un chien de rêve ☐ Un drôle de chien idéal !
Paragraphe 2 :	☐ Le retour ☐ Le chien fou est maîtrisé !	☐ Crip est détraqué ☐ Chez le marchand de robots
Paragraphe 3 :	☐ L'appartement dévasté ☐ Le cabas de Mamie Julia	☐ Le cadeau de Mamie Julia ☐ Mamie Julia
Paragraphe 4 :	☐ Tout est rangé ☐ Un chat dans la poubelle	☐ Tout s'arrange ☐ Pas de chat pour Sophie

Entoure le nombre de bonnes réponses. 0 à 1 · 2 à 3 · 4

★★★ **Relis en entier *Pas de chien pour Sophie* puis, sans l'aide du texte, réponds à chaque question en utilisant les mots de la liste. Attention aux intrus !**

Crip – M. Bouton – Mme Bouton – Mamie Julia – Sophie – personne – le Robot qui Fait le Ménage

- Qui détraque le robot ? ……………………………………
- Qui se trouve dans l'appartement quand Crip détruit tout ? ……………………
- Qui parvient à calmer Crip ? ……………………………………
- Au début de l'histoire, qui pense qu'un robot-animal est mieux qu'un véritable animal ?
  ……………………………… et ………………………………
- À la fin de l'histoire, qui est encore de cet avis ? ……………………………

Entoure le nombre de bonnes réponses. 0 à 2 · 3 à 4 · 5 à 6

Reporte tes résultats dans la grille de suivi.

BIEN LIRE LES HISTOIRES

35 Où et quand ?

Grégoire, chevalier malgré lui (1)

Ce matin-là, Grégoire se réveille en sursaut. Son maître tambourine à la porte :
– Grégoire, mes bottes et mon épée ! Et plus vite que ça !
Grégoire se frotte les yeux, saute de son lit, enfile son pantalon, attrape sa veste à la volée et se rue dans l'escalier. Mais il se prend les pieds dans un tabouret. Tête en avant, il dévale les marches et vient s'aplatir aux pieds de Messire de Grand Courage !
– Quelle curieuse façon de te présenter ! s'étonne le Chevalier.
– Eh bien, … balbutie le jeune écuyer. Je volais vers vous, pour vous présenter mes plates excuses car… votre épée et vos bottes ne sont pas encore prêtes !
– Relève-toi. Tu n'as pas besoin de pousser la révérence jusqu'à terre. Attends jusqu'à ce soir ! répond Messire de Grand Courage avec un petit sourire énigmatique.
– Ce soir ?! répète Grégoire.
– Oui da. Ce soir, nous célébrerons ma victoire : je m'en vais pourfendre l'ours qui rôde dans notre forêt et a dévoré tout cru dix de mes gens. De sa peau, je me ferai une cape bien chaude pour l'hiver. Et deux petits chaussons douillets ! C'est une bête immense, dotée de griffes plus longues que… mon épée elle-même. Enfin un adversaire à ma taille ! Veux-tu venir m'admirer ? et servir d'appât ?
Grégoire ravale sa salive :
– Euh… ce serait un grand honneur mais voyez-vous, j'ai un mal de dos terrible et mon oreille droite me fait souffrir… Par ailleurs, j'ai une puce qui m'irrite sans cesse et m'empêche de me concentrer. Je… je vous encombrerais ! Une autre fois peut-être !
Le Chevalier éclate de rire :
– Grégoire tu es bien trop peureux et maladroit pour venir avec moi !
Rassuré que son maître ait renoncé à l'emmener dans pareille aventure, Grégoire se dirige vers l'escalier.
– Tu l'as échappé belle, se dit-il, en montant en haut d'une tour d'angle, les bottes et l'épée sous le bras. Un peu plus, tu te retrouvais à devoir rabattre l'ours vers Messire au péril de ta vie !
Parvenu en haut de la tour, il s'adosse à l'un des créneaux puis il se met à l'ouvrage : il brosse, cire, lustre avec énergie les belles bottes de son maître. Après quoi, il saisit l'épée. C'est une belle épée, longue et solide. Son pommeau s'orne d'une pierre précieuse qui scintille au soleil.
– Ah ! si j'étais courageux comme Messire, je tuerais l'ours moi-même. Je ferais « tchac tchac » et le tour serait joué, dit-il en faisant quelques moulinets.

Brusquement, un vol de corneilles traverse le ciel en poussant des cris rauques.
Grégoire sursaute si violemment que l'épée lui échappe des mains et bascule par-dessus le mur.
– Catastrophe ! crie-t-il en se précipitant dans l'escalier dont il rate la première marche…

(à suivre...)

Objectif 2 : Je comprends le sens d'une histoire.

☆☆ Lis *Grégoire, chevalier malgré lui (1)* puis réponds aux questions en entourant la ou les bonnes réponses.

- **Où se passe l'histoire ?** dans un escalier / dans un château / dans un immeuble
- **À quelle époque se passe cette histoire ?** dans le futur / de nos jours / au Moyen Âge
- **À quel moment Grégoire cire-t-il les bottes de son maître ?** le matin / l'après-midi / le soir
- **Qui sont Messire de Grand Courage et Grégoire ?**
  deux amis / un maître et son élève / un chevalier et son écuyer
- **Pourquoi Messire de Grand Courage a-t-il besoin de ses bottes et de son épée ?**
  pour aller à la guerre / pour se faire admirer / pour aller tuer un ours
- **Quels sont les deux défauts de Grégoire ?**
  il est peureux / il est paresseux / il est maladroit

Entoure le nombre de bonnes réponses. 0 à 2 — 3 à 5 — 6 à 7

☆☆ Coche la ou les suites qui conviennent pour chaque phrase.

- **Grégoire s'aplatit aux pieds de son maître car**
  ☐ il lui fait une révérence. ☐ il est tombé dans l'escalier. ☐ il est maladroit.
- **Grégoire ravale sa salive car** ☐ il est mal à l'aise. ☐ il a soif. ☐ il a peur.
- **Grégoire dit qu'il a mal au dos et à l'oreille, alors qu'en réalité**
  ☐ il ne veut pas encombrer son maître. ☐ il a peur. ☐ une puce le dérange.
- **L'épée est tombée car** ☐ Grégoire a eu si peur qu'il l'a lâchée.
  ☐ Grégoire a eu peur de son maître. ☐ Grégoire a eu peur d'un vol d'oiseaux.

Entoure le nombre de bonnes réponses. 0 à 2 — 3 à 5 — 6 à 7

☆ ☆☆ Relis *Grégoire, chevalier malgré lui (1)* puis, sans l'aide du texte, coche la bonne réponse.

	Oui	Non	On ne le sait pas encore.
Grégoire s'est-il blessé en tombant dans l'escalier au début de l'histoire ?			
Grégoire va-t-il aller tuer l'ours avec son maître ?			
Le Chevalier parvient-il à tuer l'ours ?			
Grégoire rêve-t-il d'être aussi courageux que son maître ?			
Grégoire retrouve-t-il l'épée ?			
Grégoire a-t-il ciré les bottes avant d'essayer l'épée ?			

Entoure le nombre de bonnes réponses. 0 à 2 — 3 à 4 — 5 à 6

Reporte tes résultats dans la grille de suivi.

36 Un exercice dangereux !

Grégoire, chevalier malgré lui (2)

Grégoire a fait tomber l'épée de son maître par-dessus le mur du château. Il se précipite pour aller la rechercher…

Ayant dévalé l'escalier sur les fesses, Grégoire parvient au chemin de ronde : il a tôt fait de voir qu'il n'y a pas d'épée. Se pourrait-il qu'elle soit tombée dans la basse-cour ? Grégoire descend les marches quatre à quatre. Mais il a beau soulever les sacs de grains, chercher parmi les poules et les cochons, toujours pas d'épée.
– Serait-elle passée de l'autre côté ? Dans le champ qui précède la forêt ? Ou même dans le ravin que le château surplombe ? se demande-t-il.
Le jeune garçon passe le pont-levis, furète un peu partout dans le champ : rien ! Prudemment, il s'approche du ravin. Tout en bas, entre les rochers, il lui semble que… ne serait-ce pas… ?! oui, c'est elle.
– Sauvé ! s'exclame Grégoire tout ragaillardi.
Enfin… presque ! Car l'épée est hors d'atteinte, le ravin dangereux, la rivière froide, le courant fort.
– Si je dérape sur la paroi du ravin, je tombe à l'eau et me noie après m'être rompu le cou sur les rochers. Sans compter que je peux rencontrer un serpent hurleur ou une grenouille… affamée ! Et je ne parle pas des lézards sanguinaires… Que faire ?
Avisant un chêne de belle taille, Grégoire a une idée : il enlève son foulard, ses hauts de chausse, sa ceinture et les noue les uns aux autres. Après quoi, il attache une extrémité de cette « corde » à l'arbre et, se tenant à l'autre, descend prudemment le long de la paroi. Il descend, descend, la corde se tend, se tend, il s'étire, s'étire…
– J'y suis presque, se dit-il. Encore un peu…
Ses doigts frôlent le pommeau de l'épée. Encore…
– Ça y est. Je l'ai…
Mais au moment où il saisit l'épée, crac ! La corde se déchire, précipitant Grégoire dans la rivière.
– Au secours ! À moi ! Je me noie ! Je suis noyé !
Mais il n'y a personne sur la rive pour l'entendre et le courant l'entraîne loin, très loin du château. Heureusement, Grégoire passe sous un saule : il s'agrippe aux branches qui plongent dans l'eau et parvient à s'extraire de la rivière.
– Sauvés, dit-il à l'épée. Maintenant rentrons, sinon Messire va me pourfendre et se fera un manteau de moi ! et des chaussons douillets !
Devant lui s'étend la forêt, épaisse et sombre. Grégoire y pénètre en tremblant, marche à pas de loup, osant à peine respirer. De tous côtés, ce ne sont que craquements

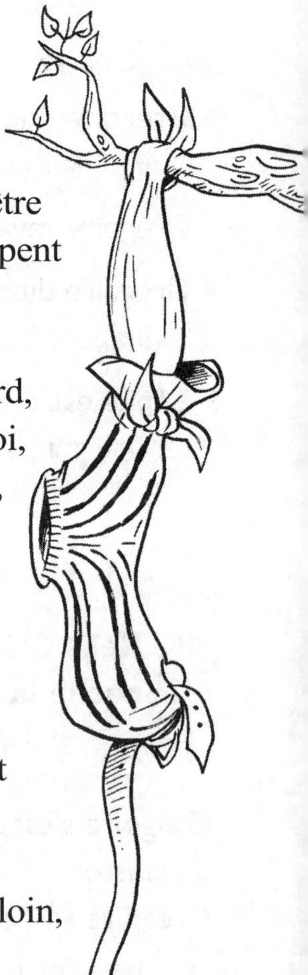

sinistres, hululements, yeux brillants entre les branches… Tout à coup, une galopade. Tout près.
– Mon Dieu ! des sangliers venimeux. Je suis mort !
Terrifié, son épée à la main, Grégoire n'ose plus bouger.
Ce ne sont pas des sangliers mais deux bûcherons qui courent vers lui en criant :
– Chevalier ! Venez vite : l'ours va manger notre compagnon si vous n'intervenez pas.
Avant que Grégoire ait le temps de dire quoi que ce soit, les bûcherons l'entraînent jusqu'à la clairière puis s'enfuient en courant. *(à suivre…)*

☆☆ Souligne la phrase qui a le même sens que la phrase en bleu.

- « Grégoire descend les marches quatre à quatre. »
  Il descend les marches très vite. Il descend les quatre marches.
- « Tout en bas, entre les rochers, il lui semble que… ne serait-ce pas… ?! »
  Il se demande si l'épée est tombée entre les rochers.
  Il croit avoir aperçu l'épée entre les rochers.
- « De tous côtés, ce ne sont que craquements sinistres, hululements, yeux brillants entre les branches… »
  Grégoire entend des bruits autour de lui et il voit des yeux briller entre les branches.
  Grégoire entend les craquements d'un animal aux yeux brillants perché dans l'arbre.
- « Tout à coup, une galopade. Tout près. »
  Tout à coup, Grégoire se sauve en galopant dans la forêt qui se trouve tout près.
  Grégoire entend soudain, tout près de lui, un bruit qui ressemble au galop d'un animal.

Entoure le nombre de bonnes réponses. 0 à 1 — 2 à 3 — 4

☆☆ Recopie dans l'ordre les endroits où Grégoire cherche l'épée. Attention aux intrus !

le chêne – la basse-cour – la forêt – le chemin de ronde – le ravin – le champ – les rochers

Il cherche d'abord l'épée sur .... , dans .... puis dans le .... Il finit par la retrouver dans .... entre ....

Entoure le nombre de bonnes réponses. 0 à 1 — 2 à 3 — 4 à 5

☆☆☆ Lis la liste des dangers auxquels pense Grégoire. Barre ceux qui ne peuvent pas exister.

déraper sur la paroi du ravin – tomber à l'eau – rencontrer un serpent hurleur – se rompre le cou sur les rochers – se noyer dans la rivière – rencontrer des lézards sanguinaires – se faire sévèrement punir par son maître – se faire tuer par des sangliers venimeux – rencontrer une grenouille affamée.

Entoure le nombre de bonnes réponses. 0 à 1 — 2 à 3 — 4

Reporte tes résultats dans la grille de suivi.

BIEN LIRE LES HISTOIRES

37 La suite de l'histoire

Grégoire, chevalier malgré lui (3)

Des bûcherons, prenant Grégoire pour un chevalier, lui demandent de secourir leur compagnon attaqué par un ours…

Une bête dix fois plus grande que lui, aux crocs luisants, aux griffes acérées, se dresse devant un pauvre bûcheron qui tremble de tous ses membres. N'écoutant que sa peur, Grégoire se précipite derrière un grand chêne.
– Par ici, chevalier ! crie le pauvre bûcheron affolé.
– Sauve qui peut, pense Grégoire en grimpant à l'abri dans l'arbre.
Mais les dents de Grégoire claquent si fort, et ses genoux s'entrechoquent si violemment que l'ours les entend. Le voilà qui tourne sa grosse tête vers Grégoire. Il retrousse ses babines sur d'énormes crocs !
– Grrrr… fait le monstre sous la branche où Grégoire s'est réfugié.
– Va-t'en, murmure Grégoire d'une toute petite voix. Je ne suis pas chevalier. C'est Messire qui veut te tuer pas moi et…
Mais sous son poids, Grégoire sent que la branche se plie peu à peu. Plus elle se plie, plus elle rapproche Grégoire du monstre qui maintenant, bien campé sous l'arbre, attend en se pourléchant.
Brusquement, d'un coup sec, la branche se rompt et tombe sur la tête de l'ours qui s'effondre aussitôt, foudroyé.
Alors, des buissons sortent les bûcherons. Ils voient l'ours à terre, ils voient Grégoire sur l'ours, son épée à la main.
– Bravo, hourra, vive le chevalier…
– … Grégoire, complète le jeune garçon en bombant le torse. Chevalier Grégoire de Très Grand Courage !

*

Accoudé à sa fenêtre, Messire de Grand Courage se lamente en regardant la lumière décroître.
– Où est Grégoire et où est mon épée ? s'énerve-t-il. J'ai un ours à tuer moi ! Bientôt il fera nuit : personne ne me verra combattre.
C'est alors que des « bravos » et des « hourras » s'élèvent du chemin. Le Chevalier se frotte les yeux : mais non, il ne rêve pas ! Il voit arriver son écuyer porté en triomphe par les bûcherons et derrière, un ours gigantesque ficelé comme un gros saucisson.
Le Chevalier ne sait quelle contenance prendre quand le cortège s'arrête à ses pieds. Tous lui racontent l'exploit de son écuyer qui a pourfendu l'ours d'un seul coup d'un seul. Il est très vexé de ne pas être le vainqueur. Très vexé aussi d'entendre son écuyer se faire appeler Chevalier Grégoire de Très Grand Courage. Mais comme c'est un grand seigneur, il se réjouit pour ses bûcherons :

– Allons, dit-il, venez tous fêter Grégoire qui vous a débarrassés de cet ours malfaisant !
Et on chante et on danse toute la nuit dans le château !
Lorsque la fête est finie et que les invités sont rentrés chez eux, Messire de Grand Courage s'approche du jeune « chevalier ».
– Dis-moi Grégoire, comment t'es-tu trouvé sur le chemin de l'ours ?
– Oh ! ça, c'est une longue histoire, commence le jeune homme. C'est à cause d'un vol de corneilles qui me fit sursauter…

Sylvie Fournout.

☆☆ **Coche les phrases qui sont justes par rapport au texte.**

☐ Le bûcheron prend Grégoire pour un chevalier à cause de l'épée qu'il porte.
☐ Grégoire grimpe dans l'arbre pour sauter sur l'ours et l'assommer.
☐ L'ours attend sous l'arbre que Grégoire tombe pour le manger.
☐ Grégoire explique à l'ours qu'il n'est pas un chevalier car il n'aime pas mentir.
☐ Les bûcherons n'ont pas vu comment Grégoire a tué l'ours car ils étaient cachés.
☐ Grégoire a tué l'ours involontairement.
☐ Les bûcherons pensent que Grégoire est courageux.

Entoure le nombre de bonnes réponses. 0 à 1 — 2 à 3 — 4 à 5

☆☆ **Coche la suite qui convient pour l'histoire. Barre les deux phrases fausses dans les deux suites que tu n'as pas cochées.**

C'est à cause d'un vol de corneilles qui me fit sursauter. Je lâchai votre épée dans un ravin.

☐ En voulant la récupérer, je fis une chute dans la rivière. Heureusement, j'échappai à la noyade grâce à une corde que j'avais fabriquée. Alors que je traversais une forêt pour regagner le château, des bûcherons m'appelèrent au secours. L'un d'eux était attaqué par un ours. N'écoutant que mon courage, je me jetai sur l'ours pour le tuer.

☐ Je voulus la récupérer à l'aide d'une corde que j'avais fabriquée. Mais hélas ! Celle-ci se déchira et je tombai à l'eau. Je réussis à en sortir mais le courant m'avait emporté très loin. Alors que je traversais une forêt pour regagner le château, des bûcherons m'appelèrent au secours : l'un d'eux était attaqué par un ours. J'eus si peur que je me réfugiai dans un arbre. Mais la branche cassa et tua net le monstre !

☐ En voulant la récupérer, je tombai à l'eau. Je réussis à en sortir mais le courant m'avait emporté très loin et je devais traverser une forêt pour regagner le château. C'est alors que je fus entraîné par des bûcherons pour faire la course jusqu'à une clairière. Là, je vis un ours menaçant. Je me précipitai derrière un arbre puis je grimpai sur une branche. L'animal s'approcha de moi. D'un coup sec, je frappai sa tête avec l'épée. Foudroyé, il s'effondra aussitôt.

Entoure le nombre de bonnes réponses. 0 à 1 — 2 à 3 — 4 à 5

Objectif 2 : Je comprends le sens d'une histoire.

☆☆ **Relis *Grégoire, chevalier malgré lui (1), (2)* et *(3)*. Puis écris les numéros des réponses aux questions, sans l'aide du texte.**

n° 1 : *dans le château* — n° 2 : *près du château*
n° 3 : *loin du château* — n° 4 : *le matin* — n° 5 : *le soir*

- Où est Grégoire quand il essaye l'épée ? n°…
- Quand et où entend-il le cri des corneilles ? n°… et …
- Où est-il quand il aperçoit l'épée entre les rochers ? n°…
- Où est-il quand il tue l'ours ? n°…
- Quand revient-il au château ? n°…
- Où est Messire de Grand Courage quand il voit revenir Grégoire ? n°…
- Quand et où organise-t-il une fête ? n°… et …

Entoure le nombre de bonnes réponses. 0 à 3 — 4 à 6 — 7 à 9

☆☆☆ **Complète avec le nom qui peut remplacer le pronom « il », sans l'aide du texte.**

- **Il** a échappé à l'ours grâce à l'intervention d'un écuyer peureux. C'est ....
- **Il** n'a pas tué l'ours grâce à son courage mais par hasard. C'est ....
- **Il** voulait tuer l'ours mais un écuyer l'a fait à sa place ! C'est ....
- **Il** était sûr de se régaler mais hélas, le hasard en a décidé autrement ! C'est ....

Entoure le nombre de bonnes réponses. 0 à 1 — 2 à 3 — 4

☆☆☆ **Écris le nom de celui qui aurait pu dire ces phrases dans l'histoire. Attention, le même nom peut être utilisé plusieurs fois !**

- « Où est-il donc passé ? Serait-il encore en train de dormir ? Allons frapper à sa porte » se dit ....
- « Avec un peu de chance, elle aura glissé entre deux sacs de grains… Pourvu que je la retrouve vite ! » s'inquiète ....
- « Pourvu que la branche résiste ! Car si elle casse, nous serons deux à être dévorés par l'ours : le chevalier et moi » pense ....
- « Ah ! s'il était là, il reprendrait son épée et pourfendrait l'ours sans hésiter, au lieu de trembler comme moi » regrette ....
- « Il ne me reste plus qu'à attendre que mon " repas " tombe de l'arbre » pense ....

Entoure le nombre de bonnes réponses. 0 à 1 — 2 à 3 — 4 à 5

Reporte tes résultats dans la grille de suivi.

Bien lire les documents

Objectif 1 *Je repère des informations dans un document.*

Objectif 2 *Je comprends et j'utilise les informations d'un document.*

Entoure tous les documents que Tom a utilisés pour préparer son exposé.

Des sandwichs pour tous les goûts !

Sandwich du fromager

- Tartiner l'intérieur d'une demi-baguette de pain avec du beurre.
- Ajouter quelques lamelles de gruyère, deux noix épluchées et coupées en morceaux, une feuille de salade bien lavée et égouttée.
- Déguster sans attendre !

Sandwich du charcutier

- Tartiner l'intérieur d'une demi-baguette de pain avec du beurre.
- Couper en lamelles une demi-tranche de jambon épaisse et une grosse tranche de saucisson (sec ou à l'ail). Les répartir à l'intérieur du pain.
- Couper des rondelles de cornichon puis les étaler sur le jambon et le saucisson.
- Croquer au plus vite !

Sandwich végétarien

- Tartiner l'intérieur d'un petit pain au lait avec de la mayonnaise.
- Couper en rondelles une demi-tomate et deux radis. Les répartir à l'intérieur du pain. Les parsemer de quelques rondelles de cornichon.
- Ajouter une feuille de salade coupée en lanières et déguster aussitôt !

Le conseil du chef

Tu peux accompagner ton sandwich d'une salade de tomates, concombres, champignons de Paris coupés en fines lamelles et assaisonnés d'une sauce au yaourt.

La sauce au yaourt

Mélanger un yaourt nature avec le jus d'un demi-citron.

Ajouter une petite pincée de curry.

Le sais-tu ?

Le mot « sandwich » vient du nom d'un comte anglais du 18e siècle (le comte de Sandwich) qui se faisait servir ce mets à sa table de jeu : cela lui évitait d'interrompre sa partie de cartes pour aller manger.

38 À la recherche des bons ingrédients

☆ Coche dans le tableau les ingrédients nécessaires à chaque recette.

	sandwich du fromager	sandwich du charcutier	sandwich végétarien
gruyère			
radis			
tomate			
salade			
beurre			
mayonnaise			
noix			
saucisson			
cornichon			
baguette de pain			
pain au lait			
jambon			

Entoure le nombre de bonnes réponses. 0 à 6 — 7 à 11 — 12 à 16

☆☆ Coche les recettes que l'on peut préparer avec cette liste de courses.

- ☐ Un sandwich du fromager
- ☐ Un sandwich du charcutier
- ☐ Un sandwich végétarien
- ☐ La sauce au yaourt

1 baguette de pain	1 citron
1 morceau de gruyère	1 salade
1 bocal de cornichons	200g de noix
4 yaourts nature	1 botte de radis
1 kg de tomates	1 sachet de curry
1 plaquette de beurre	1 saucisson sec

Entoure le nombre de bonnes réponses. 0 — 1 — 2

☆☆ Réponds aux consignes à l'aide du document.

- Écris le nom de l'ingrédient utilisé à la fois dans une recette et dans le conseil du chef. ....
- Écris le titre de la partie du document expliquant d'où vient le mot « sandwich ».

....

Entoure le nombre de bonnes réponses. 0 — 1 — 2

Reporte tes résultats dans la grille de suivi.

MUSÉE DE L'ESPACE

INFORMATIONS PRATIQUES

ACCÈS

- **par la route** : Autoroute A96, Direction Lyon, Sortie n° 13
- **par le bus** : Ligne n° 23, Arrêt Musée de l'Espace
- **par le train** : Gare SNCF à 5 minutes du musée

HORAIRES

- Du mardi au vendredi de 10h à 18h
- Fermeture à 20h le samedi et le dimanche
- Fermé au public le lundi
- Fermé le 25 décembre et le 1er janvier

TARIFS*

PLEIN TARIF 8 €

TARIFS RÉDUITS

- Enfants de 4 à 15 ans : 4 €
- Jeunes de 16 à 25 ans : 6 €
- Groupes (plus de 10 personnes) : 3 €

GRATUITÉ

- Enfants de moins de 4 ans
- Chômeurs
- Personnes de plus de 65 ans
- Visiteurs handicapés

**L'accès au musée est gratuit pour tous le dimanche*

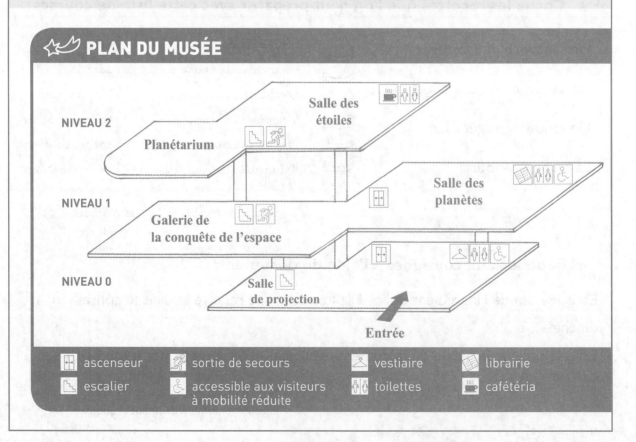

PLAN DU MUSÉE

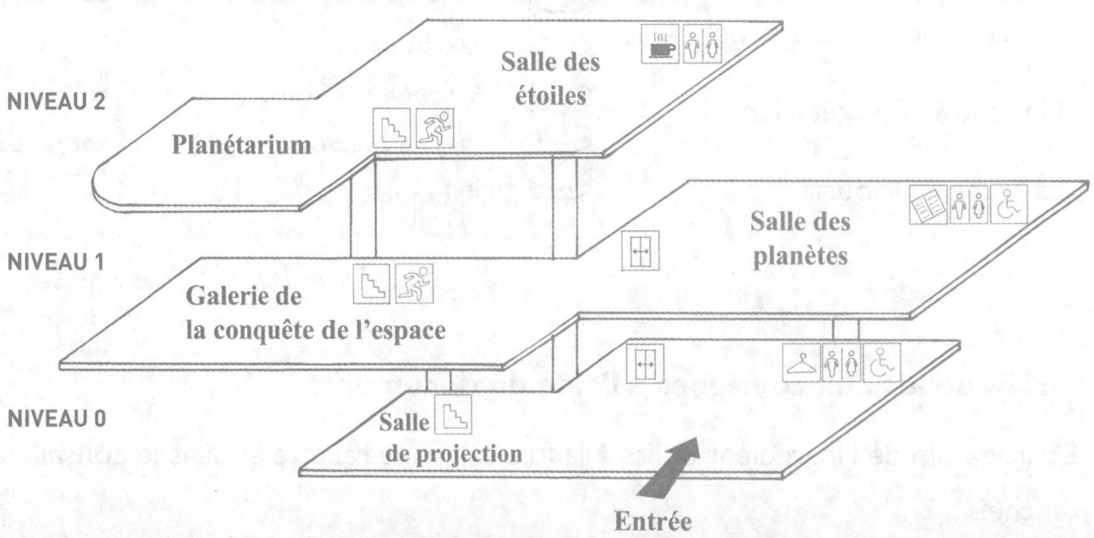

- ascenseur
- escalier
- sortie de secours
- accessible aux visiteurs à mobilité réduite
- vestiaire
- toilettes
- librairie
- cafétéria

39 Des informations pratiques !

☆ Coche la bonne réponse à l'aide du document.

- Le document donne des informations sur ☐ l'espace ☐ un musée.
- Il comporte ☐ un plan ☐ un graphique.
- Les prix d'entrée du musée sont dans la rubrique ☐ Accès ☐ Horaires ☐ Tarifs.
- La rubrique ☐ Accès ☐ Horaires ☐ Tarifs indique quel bus va au musée.
- La rubrique ☐ Accès ☐ Horaires ☐ Tarifs indique les jours d'ouverture du musée.
- L'entrée du musée est indiquée ☐ dans la rubrique Accès ☐ sur le plan.

Entoure le nombre de bonnes réponses. 0 à 2 / 3 à 4 / 5 à 6

☆☆ Coche la ou les bonnes réponses en t'aidant du document.

- On peut aller au musée en prenant la sortie n°13
  ☐ du bus ☐ de l'autoroute ☐ de la gare.
- Le musée est fermé le ☐ samedi ☐ lundi ☐ 25 décembre ☐ 1er janvier.
- Dans le musée, il y a une ☐ cafétéria ☐ salle de projection ☐ librairie ☐ gare.
- L'entrée est gratuite pour les ☐ chômeurs ☐ enfants de moins de 4 ans ☐ adultes.
- Le musée est ouvert de 10h à 20h ☐ tous les jours ☐ le samedi ☐ le dimanche.

Entoure le nombre de bonnes réponses. 0 à 4 / 5 à 7 / 8 à 11

☆☆ Coche la bonne réponse en t'aidant du plan du musée.
Barre la phrase si l'information n'est pas donnée par le plan.

	Vrai	Faux
• Le Planétarium se trouve au niveau 1 du musée.	☐	☐
• Il y a des toilettes à tous les niveaux du musée.	☐	☐
• Il y a des sorties de secours à tous les niveaux du musée.	☐	☐
• Le vestiaire est payant.	☐	☐
• Un escalier permet d'aller du niveau 0 au niveau 1.	☐	☐
• La librairie et la cafétéria se situent dans la même salle.	☐	☐
• Un visiteur à mobilité réduite peut monter au niveau 2 par l'ascenseur.	☐	☐
• L'accès aux ascenseurs du musée est limité à 10 personnes.	☐	☐
• Le dimanche, tout le monde peut visiter le musée gratuitement.	☐	☐

Entoure le nombre de bonnes réponses. 0 à 3 / 4 à 6 / 7 à 9

Reporte tes résultats dans la grille de suivi.

ENGIN ROULANT

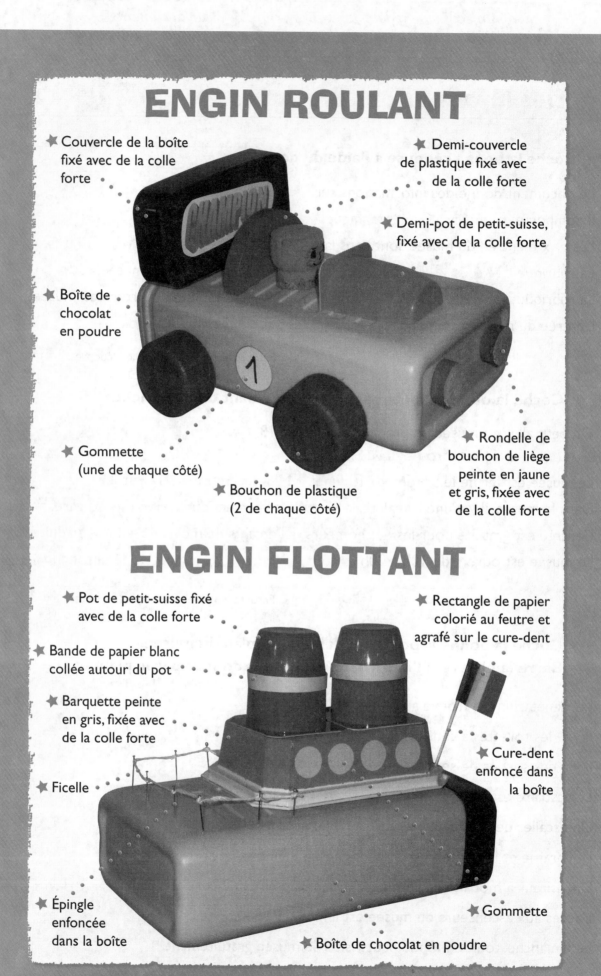

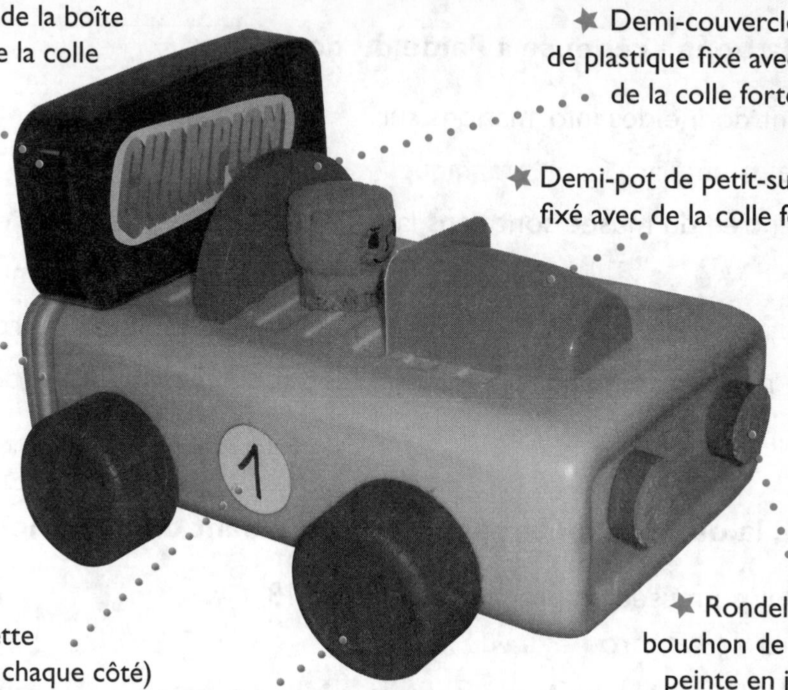

ENGIN FLOTTANT

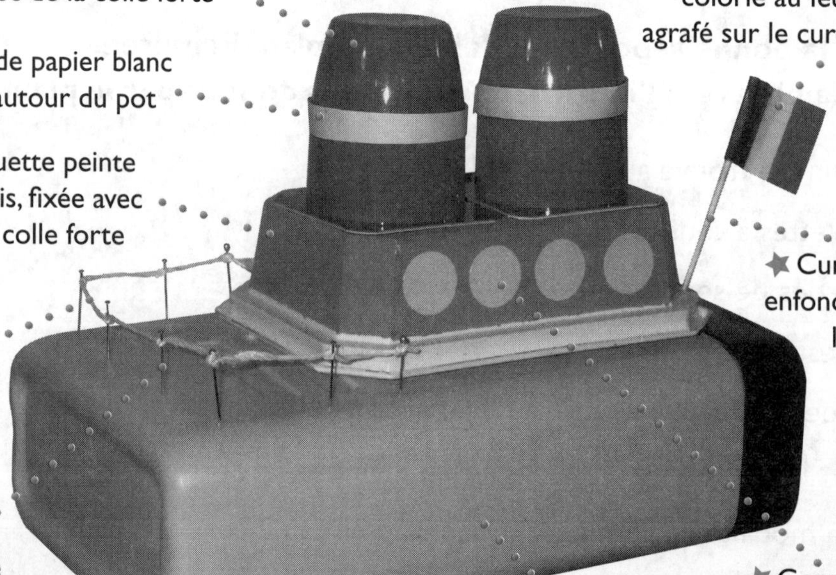

40 À chacun sa consigne

☆ Entoure la bonne réponse à l'aide des légendes et des illustrations du document.

- On a besoin de peinture grise pour la fabrication d'un seul engin. oui / non
- On utilise le même matériel pour fabriquer les deux engins. oui / non
- Il faut du papier pour la construction de l'engin flottant. oui / non
- Si on fabrique les deux engins, il faut deux boîtes de chocolat en poudre. oui / non
- Il faut de la colle pour fabriquer le drapeau de l'engin flottant. oui / non
- Il faut quatre bouchons de plastique pour l'engin roulant. oui / non
- On a besoin de deux gommettes pour l'engin roulant. oui / non
- On utilise des agrafes pour un seul des deux engins. oui / non

Entoure le nombre de bonnes réponses. 0 à 2 – 3 à 5 – 6 à 8

☆☆ Entoure le matériel commun à la fabrication des deux engins.

bouchon de plastique – gommette – épingle – colle – agrafe – papier – feutre – cure-dent – barquette – peinture – pot de petit-suisse – ficelle – couvercle de plastique

Entoure le nombre de bonnes réponses. 0 à 1 – 2 à 3 – 4

☆☆ Coche le nom de l'engin correspondant à chaque consigne.

	Engin roulant	Engin flottant
• Peins les bouchons. Laisse-les bien sécher.	☐	☐
• Agrafe le rectangle de papier après l'avoir colorié.	☐	☐
• Colle la bande de papier autour du pot.	☐	☐
• Demande l'aide d'un adulte pour couper le pot de petit-suisse en deux.	☐	☐
• Laisse bien sécher la peinture avant de coller les gommettes.	☐	☐
• Demande l'aide d'un adulte pour enfoncer les épingles dans la boîte.	☐	☐

Entoure le nombre de bonnes réponses. 0 à 2 – 3 à 4 – 5 à 6

Reporte tes résultats dans la grille de suivi.

Notre enquête

Les avantages et les inconvénients d'Internet

Rechercher des informations . . .

Internet est un réseau informatique qui permet de relier plus d'un milliard d'ordinateurs dans le monde entier ! Grâce à cet immense réseau, les utilisateurs d'Internet (les internautes) ont accès à des millions de sites d'informations sur tous les sujets : c'est un moyen rapide de se documenter sans se déplacer de chez soi !
L'inconvénient, c'est que n'importe qui peut créer un site Internet et y raconter n'importe quoi : les informations que l'on trouve ne sont donc pas toujours exactes.
Quand tu fais une recherche, il faut choisir de préférence les sites d'organismes officiels ou d'associations connues et toujours vérifier les informations sur plusieurs autres sites.

Correspondre . . .

Internet ne sert pas seulement à chercher des informations. On l'utilise aussi pour correspondre par courrier électronique (ou *e-mail*) : on envoie par Internet un courrier rédigé sur son ordinateur et on peut en recevoir la réponse en quelques secondes. C'est moins long que d'attendre une lettre expédiée par la Poste… sauf si l'internaute à qui tu écris n'a pas allumé son ordinateur !

Echanger des idées . . .

Grâce à Internet, on peut également communiquer avec d'autres personnes par l'intermédiaire des forums (ou groupes de discussion). Sur les forums, on donne son avis sur un film, un livre, un concert, sur un sujet comme le racisme ou la protection de la Planète, ou bien on pose une question à laquelle d'autres internautes répondent.
Mais attention, sur un forum, les échanges entre internautes sont publics ! Cela signifie que n'importe qui peut lire ce que tu as écrit et y répondre. Et il est impossible de vérifier avec qui tu communiques !

Discuter . . .

Les internautes « bavards » peuvent dialoguer en direct sur Internet, grâce au *chat* (mot anglais signifiant « bavardage ») : plusieurs internautes se connectent en même temps et échangent des messages écrits qui sont transmis immédiatement. C'est comme une discussion entre plusieurs personnes, sauf qu'elle se fait par écrit et à distance.
Avec le *chat*, les échanges de messages sont privés : ils ne peuvent être lus que par ceux à qui ils sont destinés.
Toutefois, mieux vaut respecter certaines règles de prudence : sur Internet, comme dans la vie de tous les jours, tu peux rencontrer des gens mal intentionnés vis-à-vis des enfants. C'est pourquoi il ne faut jamais donner ton nom, ton adresse ou ton numéro de téléphone à un internaute que tu ne connais pas personnellement.

Internet est un outil formidable grâce auquel les internautes du monde entier peuvent communiquer ou s'informer. Mais c'est également un outil qui peut réserver de mauvaises surprises si on ne l'utilise pas avec prudence. C'est la raison pour laquelle de nombreux ordinateurs sont équipés d'un système de contrôle parental : il permet aux adultes de s'assurer que les enfants naviguent sur Internet en toute sécurité.

Objectif 2 : Je comprends et j'utilise les informations d'un document.

41 L'exercice de l'internaute

☆ Lis chaque information puis coche la case qui convient en t'aidant du document.

	Avantage d'Internet	Inconvénient d'Internet
Sur Internet, on a accès à des millions de sites d'informations sur tous les sujets.		
N'importe qui peut créer un site Internet et y raconter ce qu'il veut.		
Sur un forum, on peut poser une question et d'autres internautes y répondent.		
Les internautes « bavards » dialoguent sur Internet grâce au *chat*.		
Sur un forum, les échanges entre internautes sont publics.		
Avec le *chat*, les échanges de messages sont privés.		

Entoure le nombre de bonnes réponses. 0 à 2 — 3 à 4 — 5 à 6

☆☆ Entoure le nom des internautes qui disent des choses justes à propos du document.

- Youssef : « Le document explique qu'on peut donner son nom et son adresse sans crainte car les échanges de messages sont toujours privés sur Internet. »
- Zoé : « Grâce au document, je sais qu'il faut être prudent quand on va sur les forums car on ne peut jamais vérifier avec qui l'on communique. »
- Lou : « Le document explique comment on peut vérifier les informations que l'on a trouvées sur Internet. »
- Siam : « Dans le document, j'ai appris que le *chat* est un échange de messages privés mais qu'il faut se méfier si l'on ne connaît pas personnellement l'internaute avec qui l'on discute. »
- Corto : « Comme l'explique le document, Internet est un moyen rapide de trouver des informations toujours exactes. »
- Camila : « Le document explique précisément comment fonctionne le système de contrôle parental de certains ordinateurs. »
- Paul : « C'est dommage que le document n'explique pas comment on crée un site. »
- Fanny : « Le document permet de comprendre la différence entre les forums et le *chat*. »

Entoure le nombre de bonnes réponses. 0 à 1 — 2 à 3 — 4 à 5

Reporte tes résultats dans la grille de suivi.

Comment rechercher des informations sur Internet ?

Pour t'aider à trouver des informations sur Internet, il existe des annuaires de recherche. Certains, comme *Kidadoweb* ou *Les Pages Juniors*, sont conçus spécialement pour les enfants. Il suffit que tu tapes un ou plusieurs mots clés correspondant au sujet qui t'intéresse : l'annuaire de recherche, en quelques secondes, affiche sur ton écran une liste de sites sur ce sujet. À toi alors de choisir ceux qui te conviennent le mieux.
Voici par exemple le résultat d'une recherche menée sur le thème des mammifères marins.

www.LesPagesJuniors.com

1 Nom de l'annuaire de recherche
2 Mots clés correspondant au thème de la recherche
3 Note donnée au site par l'annuaire de recherche
4 Âge des internautes auxquels le site est destiné
5 Description du contenu du site
6 Liste d'autres mots clés proposés par l'annuaire pour prolonger la recherche
7 Légende des notes données aux sites

Objectif 2 : Je comprends et j'utilise les informations d'un document.

42 Où est la réponse ?

☆ Lis le document puis barre les informations fausses.

- On utilise un annuaire de recherche pour correspondre sur Internet.
- Les annuaires de recherche sont réservés aux enfants, il n'y en a pas pour les adultes.
- L'annuaire de recherche choisit pour toi le meilleur site correspondant à ta recherche.
- « Les Pages Juniors » est un annuaire de recherche.
- « Les Pages Juniors » permet de trouver des sites Internet.
- Avec « Les Pages Juniors », on peut savoir si le site est adapté à l'âge de l'internaute.
- L'annuaire « Les Pages Juniors » propose 4 sites sur les mammifères marins.
- Le site « Dauphins et baleines » a une meilleure note que le site « Baleines et dauphins ».
- Aucun site n'a été noté « Excellent » par l'annuaire de recherche.
- Trois sites ont été notés « Bien » par l'annuaire de recherche.
- Il n'y a qu'un site qui convient pour les moins de 8 ans.
- Les sites proposés par l'annuaire conviennent tous pour un internaute de 9 ans.

Entoure le nombre de bonnes réponses. 0 à 1 | 2 à 3 | 4 à 5

☆☆ Lis ce que recherche chaque internaute puis coche la ou les bonne(s) case(s) en t'aidant du document.

J'ai 9 ans et je cherche des bricolages et des jeux sur le thème des mammifères marins.

Site ☐ a ☐ b ☐ c ☐ d ☐ Aucun site ne correspond à la recherche.

Je cherche le site d'un film sur les mammifères marins que j'ai vu au cinéma.

Site ☐ a ☐ b ☐ c ☐ d ☐ Aucun site ne correspond à la recherche.

Je collectionne tout ce qui se rapporte aux dauphins et je cherche un site pour échanger les objets que j'ai en double.

Site ☐ a ☐ b ☐ c ☐ d ☐ Aucun site ne correspond à la recherche.

J'ai 8 ans et je cherche des questionnaires sur les mammifères marins.

Site ☐ a ☐ b ☐ c ☐ d ☐ Aucun site ne correspond à la recherche.

J'ai 7 ans et je cherche des histoires de dauphins et de baleines.

Site ☐ a ☐ b ☐ c ☐ d ☐ Aucun site ne correspond à la recherche.

J'ai découvert le site du film « Dauphins et baleines » et je cherche d'autres sites pour me documenter sur ces animaux.

Site ☐ a ☐ b ☐ c ☐ d ☐ Aucun site ne correspond à la recherche.

Entoure le nombre de bonnes réponses. 0 à 3 | 4 à 6 | 7 à 10

Reporte tes résultats dans la grille de suivi.

Que se passe-t-il quand l'orage gronde ?

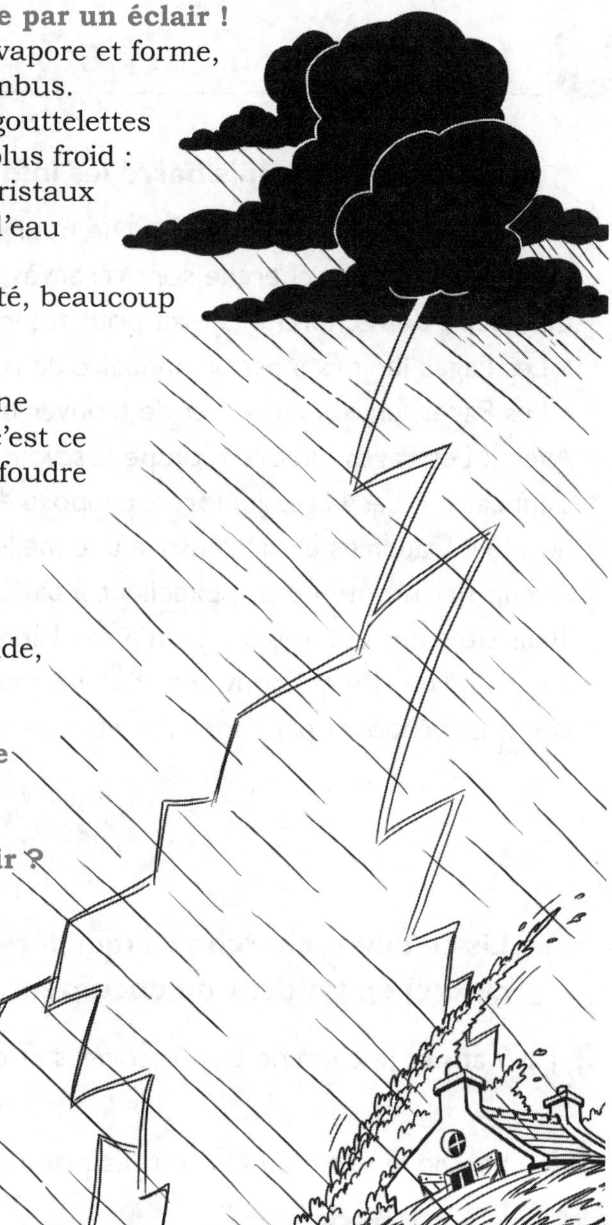

Tout commence par un nuage et se termine par un éclair !
Quand il fait très chaud, l'humidité du sol s'évapore et forme, en hauteur, un énorme nuage : un cumulonimbus. Le bas de ce nuage est formé de milliards de gouttelettes d'eau. Au sommet du nuage, il fait beaucoup plus froid : les gouttelettes gèlent et se transforment en cristaux de glace. À l'intérieur du nuage, gouttelettes d'eau et cristaux de glace se frottent les uns contre les autres : ce frottement produit de l'électricité, beaucoup d'électricité !
Quand l'électricité accumulée à l'intérieur du cumulonimbus devient trop importante, une gigantesque décharge électrique le traverse : c'est ce qu'on appelle **la foudre**. Lorsqu'elle s'abat, la foudre produit une vive lumière : **l'éclair**.

Pourquoi entend-on le tonnerre ?
Quand la foudre se déclenche, elle chauffe l'air qu'elle traverse : en une fraction de seconde, la température de l'air monte à 30 000°C et son volume augmente. Ce phénomène est si rapide qu'il crée une explosion : **le tonnerre** est le bruit provoqué par cette explosion.

Pourquoi le tonnerre arrive-t-il après l'éclair ?
Pendant un orage, l'éclair et le bruit du tonnerre sont produits en même temps au cœur du nuage. Mais toi, tu vois l'éclair avant d'entendre le tonnerre car le bruit du tonnerre met plus de temps pour arriver jusqu'à tes oreilles. En effet, la vitesse du son est plus lente que celle de la lumière : la lumière file à 300 millions de mètres par seconde alors que le son avance à 330 mètres par seconde.

Astuce

Pour calculer la distance qui te sépare d'un orage, compte les secondes qui s'écoulent entre l'éclair et le tonnerre, divise ce nombre par trois et tu obtiens la distance en kilomètres. Exemple : si 15 secondes séparent l'éclair du tonnerre, c'est que l'orage se trouve à 5 km de chez toi !

Orage = prudence

Si l'orage te surprend dehors, ne te réfugie surtout pas sous un arbre ou sous un parapluie : la foudre s'abat de préférence sur ce qui est haut et pointu.

En voiture, tu ne crains rien : la carrosserie forme une cage de protection qui empêche la foudre de t'atteindre.

Ne téléphone pas pendant un orage.

Déclenche un éclair !

Voici une expérience simple qui va te permettre de déclencher un éclair, sans risque de t'électrocuter !

Pour réussir cette expérience, installe-toi dans une pièce sombre.

Matériel

Gants de ménage

Pull en laine

Ballon de baudruche

Pâte à modeler

Tournevis testeur de courant

Déroulement de l'expérience

1 Prépare le tournevis comme sur le schéma.

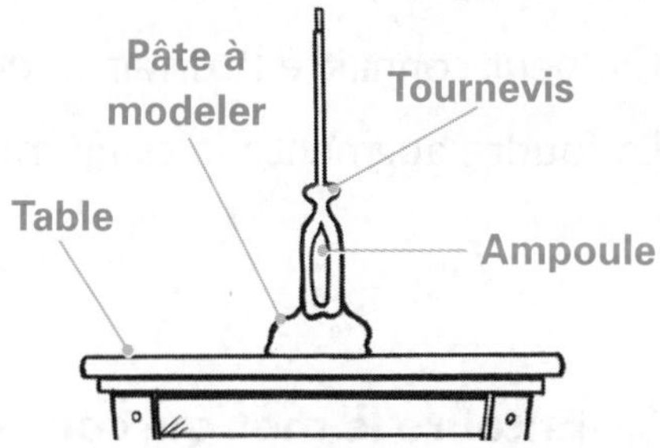

2 Gonfle le ballon et ferme-le avec un nœud. Pour réussir l'expérience, le ballon doit être bien gonflé !

3 Enfile le pull et les gants. Place-toi devant le tournevis en tenant le ballon à deux mains.

4 Frotte énergiquement le ballon sur le pull pendant au moins 30 secondes.

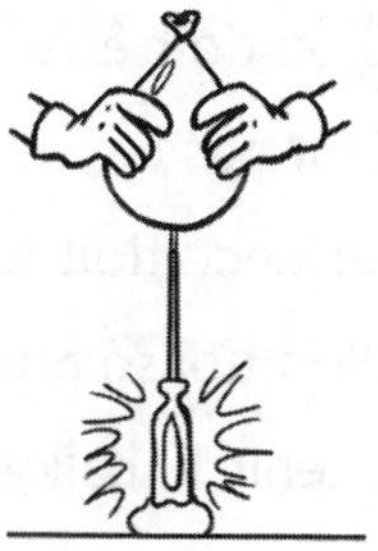

5 Pose délicatement le ballon sur la pointe du tournevis comme sur le dessin. Attention, n'appuie surtout pas car tu ferais exploser le ballon !

Observe l'éclair lumineux à l'intérieur du tournevis !

Que s'est-il passé ?

Quand tu frottes le ballon contre le pull, il se charge d'électricité : en l'approchant de la pointe du tournevis, cette électricité se décharge.
Elle passe du ballon au tournevis et tu vois un mini-éclair : c'est l'ampoule du tournevis qui s'allume !

Le même phénomène se passe lorsque tu retires un pull : les frottements contre ta peau produisent de l'électricité et tu entends un crépitement. Si tu retires ton pull dans le noir, tu peux voir quelques étincelles.

Objectif 1 : Je repère des informations dans un document.

43 Un exercice éclair !

☆☆ **Cherche la partie du document (p. 78) dans laquelle se trouve chaque information. Écris le numéro correspondant.**

n° 1 : *Tout commence par un nuage et se termine par un éclair !*
n° 2 : *Pourquoi entend-on le tonnerre ?*
n° 3 : *Pourquoi le tonnerre arrive-t-il après l'éclair ?*
n° 4 : *Astuce*
n° 5 : *Orage = prudence*

- Les nuages dans lesquels se forment les orages s'appellent les cumulonimbus. n°…
- L'éclair est le nom qui désigne la lumière produite par la foudre. n°…
- La lumière se déplace plus vite que le son. n°…
- Il est dangereux de s'abriter sous un arbre ou un parapluie pendant un orage. n°…
- On peut connaître la distance qui nous sépare d'un orage en faisant un calcul simple. n°…
- La foudre augmente la température et le volume de l'air qu'elle traverse. n°…

Entoure le nombre de bonnes réponses. 0 à 2 3 à 4 5 à 6

☆☆ **Entoure le mot qui convient dans chaque phrase. Aide-toi du document p. 79.**

- Le ballon doit être frotté délicatement / énergiquement sur le pull.
- Le ballon doit être frotté contre le pull pendant 30 secondes maximum / minimum.
- Il ne faut pas appuyer / poser le ballon sur le tournevis car il risque d'éclater.
- L'expérience doit être faite dans une pièce bien éclairée / sombre.
- Le ballon utilisé pour l'expérience doit être peu / très gonflé.
- Il faut tenir le ballon à deux mains pour le poser sur l'ampoule / la pointe du tournevis.

Entoure le nombre de bonnes réponses. 0 à 2 3 à 4 5 à 6

☆☆☆ **Cherche dans le document p. 78 le chiffre qui convient pour compléter chaque information.**

- ………… millions de mètres, c'est la distance que parcourt la lumière en 1 seconde.
- ………… mètres, c'est la distance parcourue par un son en 1 seconde.
- ………… degrés, c'est la température de l'air quand il est traversé par la foudre.
- ………… kilomètres, c'est la distance à laquelle se trouve un orage quand il s'écoule 15 secondes entre l'éclair et le bruit du tonnerre.

Entoure le nombre de bonnes réponses. 0 à 1 2 à 3 4

Reporte tes résultats dans la grille de suivi.

44 Tout s'explique !

☆☆ Relie chaque début de phrase à la fin qui convient à l'aide du document p. 79.

Le tournevis tient debout tout seul •	• pour qu'il se charge d'électricité.
On frotte le ballon contre le pull •	• pour bien voir l'éclair dans le tournevis.
L'électricité du ballon doit passer dans le tournevis •	• pour que l'ampoule s'allume.
L'expérience doit être faite dans l'obscurité •	• car il est enfoncé dans la pâte à modeler.

Entoure le nombre de bonnes réponses. 0 à 1 — 2 à 3 — 4

☆☆ Coche les questions auxquelles les documents pp. 78 et 79 permettent de répondre.

- ☐ Pourquoi est-on en danger sous un arbre pendant un orage ?
- ☐ Pourquoi est-il dangereux de téléphoner pendant un orage ?
- ☐ Est-il dangereux de téléphoner pendant un orage ?
- ☐ Pourquoi entend-on parfois des crépitements quand on retire un pull ?
- ☐ Pourquoi faut-il mettre des gants pour faire l'expérience ?
- ☐ Combien de temps l'ampoule reste-t-elle allumée ?
- ☐ Quelle est la différence entre la foudre et l'éclair ?

Entoure le nombre de bonnes réponses. 0 à 1 — 2 à 3 — 4

☆☆☆ Lis chaque information puis écris le numéro du document dans lequel on pourrait l'ajouter.

n° 1 : *Que se passe-t-il quand l'orage gronde ?* n° 2 : *Déclenche un éclair !*

- L'éclair peut se former entre deux parties du même nuage, deux nuages ou le nuage et le sol. Document n°…
- Durée de l'expérience : 20 minutes. Document n°…
- La température de la foudre est cinq fois plus élevée que celle du Soleil. Document n°…
- L'intensité de l'éclair que tu as déclenché est 500 millions de fois moins forte que celle d'un véritable éclair : c'est pourquoi tu ne risques rien au cours de cette expérience ! Document n°…

Entoure le nombre de bonnes réponses. 0 à 1 — 2 à 3 — 4

Reporte tes résultats dans la grille de suivi.

LE CORPS HUMAIN EN QUESTIONS

Combien d'os a-t-on dans le corps ?

Nous avons tous 300 os à la naissance, mais à l'âge adulte nous en avons beaucoup moins ! En effet, des os se soudent entre eux au cours de notre croissance. Chez certaines personnes, ils se regroupent plus que chez d'autres. C'est pourquoi le nombre d'os des adultes varie de 198 à 214.

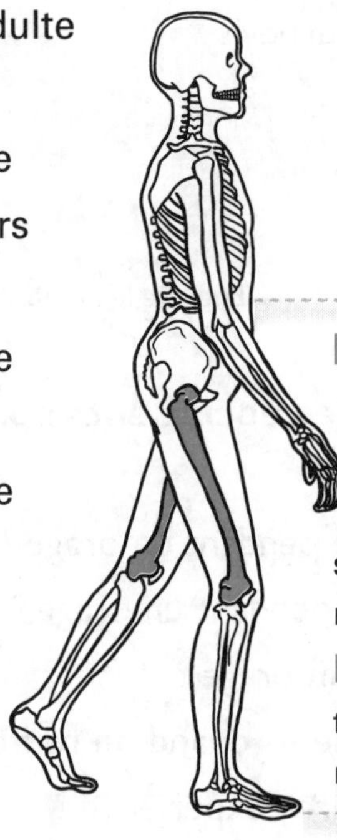

Sans les os, notre corps serait tout mou, on ne pourrait pas tenir debout.

Records de taille

Le plus petit de nos os s'appelle l'*étrier* : il a la taille d'un grain de riz ! Cet os minuscule se trouve dans notre oreille et sert à transmettre à notre cerveau les sons que nous entendons.

Le plus grand est le *fémur* : c'est l'os qui se trouve dans notre cuisse. C'est aussi le plus résistant.

Comment les sons parviennent-ils à notre cerveau ?

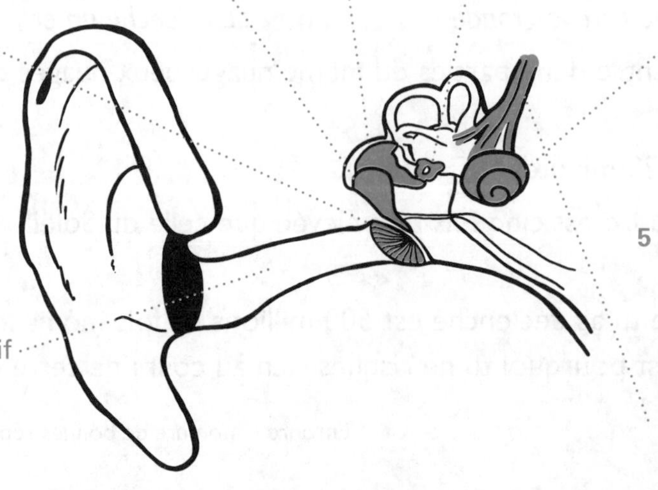

1 Le conduit auditif externe capte les sons.
2 Le conduit auditif transmet les sons au tympan.
3 Le tympan vibre alors comme une peau de tambour et transmet ses vibrations à trois os minuscules : le marteau, l'enclume et l'étrier.
4 Ces trois os vibrent à leur tour. Leurs vibrations arrivent alors dans le limaçon, une poche remplie de liquide.
5 Dans le limaçon, les vibrations sont transformées en signaux électriques : ceux-ci sont transmis au cerveau par l'intermédiaire du nerf auditif.

Pourquoi n'a-t-on pas mal quand on se fait couper les cheveux ?

Dans un poil ou un cheveu, seule la racine (le bulbe) est vivante. C'est pour cela que tu n'as pas mal quand on te coupe les cheveux. Par contre, as-tu déjà essayé de t'en arracher un ? Aïe, aïe, aïe, ça fait mal. As-tu compris pourquoi ?

Pourquoi a-t-on la chair de poule ?

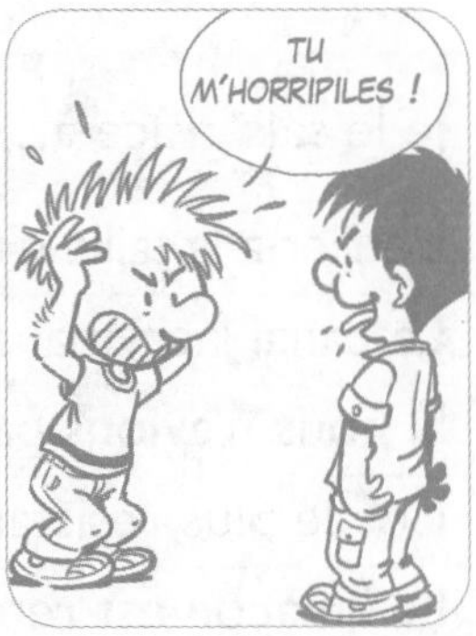

Les poils ont à leur base un petit muscle (le muscle horripilateur) qui se contracte tout seul sous l'effet du froid, de la peur ou de la colère : lorsqu'il se contracte, le poil se redresse et provoque ce qu'on appelle « la chair de poule ».

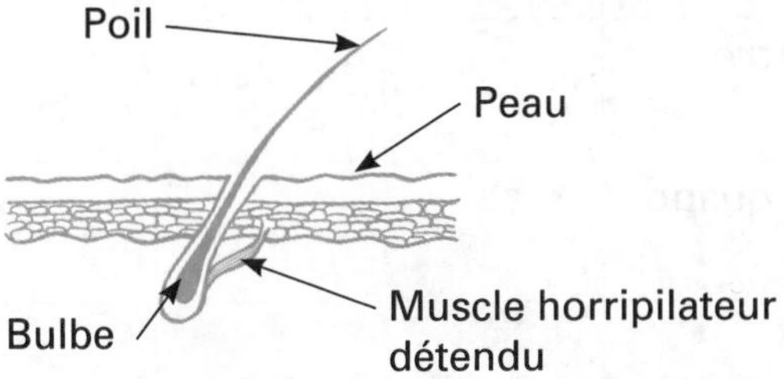

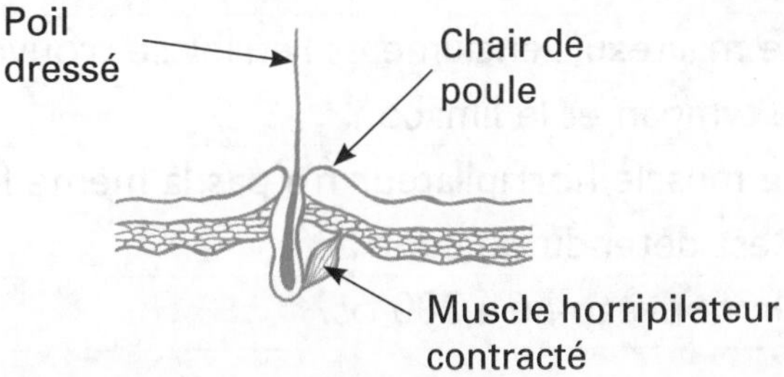

Des chiffres à s'arracher les cheveux !

Nous avons environ 100 000 cheveux sur notre tête qui poussent de 1 à 2 cm par mois. Les poils, eux, poussent d'environ 8 mm par mois. Heureusement pour nous, les poils tombent régulièrement et sont remplacés par de nouveaux poils. Les cheveux, eux, restent sur notre tête plusieurs années.

D'où viennent les larmes ?

Les larmes sont produites par des glandes situées au-dessus de l'œil : ce sont les **glandes lacrymales**. En temps ordinaire, elles produisent une très petite quantité de larmes, juste ce qu'il faut pour garder nos yeux humides et propres en permanence. Ces larmes sont évacuées au fur et à mesure dans le nez par le **canal lacrymal**. Quand on est triste ou bien si quelque chose gêne notre œil (de la fumée, une poussière), on produit une plus grande quantité de larmes : une partie est évacuée par le nez, tu te mets à renifler. Le reste des larmes coule à l'extérieur de ton œil : tu pleures.

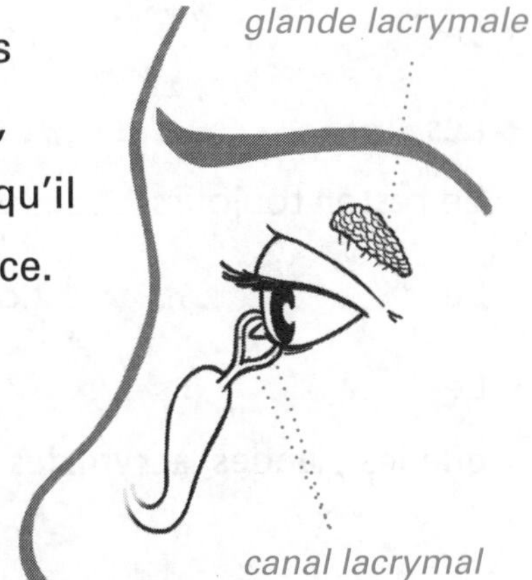

Objectif 1 : Je repère des informations dans un document.

45 La réponse est dans le document

☆☆ **Coche la bonne réponse en t'aidant du document (pp. 82 et 83).**

Je le sais grâce à…	un texte	un schéma	la légende d'un schéma
L'étrier a la taille d'un grain de riz.			
Le canal lacrymal se situe dans le coin de l'œil.			
Si nous n'avions pas d'os, notre corps serait mou.			
L'os le plus résistant de notre corps est le fémur.			
Le limaçon est rempli de liquide.			
Le marteau, l'enclume et l'étrier se trouvent entre le tympan et le limaçon.			
Le muscle horripilateur n'a pas la même forme quand il est détendu ou contracté.			
Un nouveau-né a 300 os.			

Entoure le nombre de bonnes réponses. 0 à 2 3 à 5 6 à 8

☆☆☆ **Complète chaque phrase avec les mots de la liste qui conviennent. Attention aux intrus !**

tympan – fémur – effrayé – triste – glandes lacrymales – larmes – humides – ouverts – muscle – petit – poil – canal lacrymal

- L'os le plus .... de notre corps se trouve à l'intérieur de notre oreille et s'appelle l'étrier.
- Le .... est l'os le plus long de notre corps ; il se situe dans notre cuisse.
- Les .... produisent des larmes qui permettent aux yeux de rester toujours ....
- Le .... horripilateur se contracte quand on est ....
- Le .... permet d'évacuer la petite quantité de .... que les glandes lacrymales produisent en permanence.

Entoure le nombre de bonnes réponses. 0 à 2 3 à 5 6 à 8

Reporte tes résultats dans la grille de suivi.

46 La bonne explication

★★ Coche la bonne réponse.

	Vrai	Faux
◆ Les poils poussent moins vite que les cheveux.	☐	☐
◆ Le muscle horripilateur doit être détendu pour que l'on ait la chair de poule.	☐	☐
◆ Quand on a trop de larmes, elles ne peuvent plus être évacuées par nos yeux, alors elles coulent dans les glandes lacrymales.	☐	☐
◆ Quand on s'arrache un cheveu, on a mal car sa racine est vivante.	☐	☐
◆ Les bébés sont petits, c'est pour cela qu'ils ont moins d'os que les adultes.	☐	☐
◆ C'est grâce à un seul os, l'étrier, que les sons arrivent jusqu'à notre cerveau.	☐	☐

Entoure le nombre de bonnes réponses. 0 à 2 — 3 à 4 — 5 à 6

★★ Coche la bonne explication.

◆ Nos poils ne peuvent pas devenir aussi longs que nos cheveux…
☐ car ils sont moins nombreux. ☐ car ils tombent régulièrement.

◆ Ce n'est pas douloureux de se faire couper les cheveux…
☐ puisque l'on coupe la partie du cheveu qui n'est pas vivante.
☐ puisque l'on coupe le bulbe du cheveu.

◆ Nous pleurons ou nous reniflons…
☐ lorsque nos glandes lacrymales produisent trop de larmes.
☐ lorsque nos glandes lacrymales sont gênées par une poussière ou de la fumée.

◆ Certaines personnes ont un plus grand nombre d'os que d'autres…
☐ car ils en avaient plus à la naissance.
☐ car certains de leurs os ne se sont pas soudés au cours de leur croissance.

Entoure le nombre de bonnes réponses. 0 à 1 — 2 à 3 — 4

★★★ Complète chaque devinette sans l'aide du document.

◆ Situé à l'intérieur de l'oreille, je vibre pour transmettre les sons à trois minuscules os. Je suis ……………………

◆ Dans l'oreille, je me trouve entre le marteau et l'étrier. Je suis ……………………

◆ Sans nous, le corps humain ne pourrait pas tenir debout. Nous sommes ……………

◆ Nous sommes très nombreux, notre racine est sensible et nous grandissons de 1 à 2 cm par mois. Nous sommes ……………

Entoure le nombre de bonnes réponses. 0 à 1 — 2 à 3 — 4

Reporte tes résultats dans la grille de suivi.

Es-tu l'ami de la Planète ?

Pollution de l'air et de l'eau, économies d'énergie, protection de la nature… tu as sans doute déjà entendu parler de tous ces sujets.
Pour savoir si tu es l'ami de la Planète, réponds aux questions de ce test en cochant la réponse qui te convient le mieux. Puis calcule ton score page 87.

1. Tu es en vacances et il fait très, très chaud.

- A. Tu te rafraîchis en prenant une douche pendant une heure !
- B. Tu fermes les volets de ta chambre pour qu'elle reste bien fraîche.
- C. Tu t'installes à l'ombre d'un arbre pour y faire une sieste.

2. Tu dois te rendre à la bibliothèque qui se trouve à 10 minutes à pied de chez toi.

- A. Tu y vas à vélo.
- B. Tu y vas en voiture.
- C. Tu prends le bus.

3. Pour laver un vélo :

- A. Il faut bien le frotter avec une éponge trempée dans une bassine d'eau.
- B. Il faut le laver avec du détergent puis le rincer avec un tuyau d'arrosage.
- C. Il faut le laver avec du détergent dans une rivière pour ne pas gâcher l'eau du robinet.

4. Selon toi, le tri des déchets, c'est :

- A. Trier ce que l'on jette et ce que l'on garde.
- B. Trier ses déchets selon la matière qui les compose (papier, plastique, verre…).
- C. Trier les déchets selon l'endroit où on les jette (dans la poubelle, la rivière ou la rue).

5. À ton avis, le meilleur moyen d'économiser de l'eau, c'est :

- A. Boire le moins possible.
- B. Prendre une douche plutôt qu'un bain.
- C. Se laver moins souvent.

6. Parmi ces actions, laquelle, à ton avis, protège le mieux la Planète ?

- A. Brûler les emballages.
- B. Trier les emballages.
- C. Éviter d'acheter des produits avec trop d'emballages.

7. Penses-tu que tu peux faire quelque chose pour lutter contre la pollution ?

- A. Non, car tu es trop jeune.
- B. Oui, mais tu n'en as pas envie.
- C. Oui, car chacun peut agir, les enfants comme les adultes.

Résultats

Aide-toi du tableau pour compter le nombre de points correspondant à tes réponses. Calcule ton total puis découvre si tu es l'ami de la Planète !

	Réponse A	Réponse B	Réponse C	Tes scores
Question n°1	0 point	3 points	3 points	....
Question n°2	3 points	0 point	1 point	....
Question n°3	3 points	2 points	0 point	....
Question n°4	0 point	3 points	0 point	....
Question n°5	0 point	3 points	1 point	....
Question n°6	0 point	3 points	2 points	....
Question n°7	1 point	0 point	3 points	....
			Ton total :	....

Si tu as obtenu plus de 16 points

Bravo ! Tu sais adopter, dans la plupart des situations, la bonne attitude pour limiter la pollution ou le gaspillage. La Planète peut compter sur des amis comme toi pour la protéger. Continue de t'informer et d'informer les autres : le document *L'eau en danger* (pp. 88 et 89) te permettra d'être incollable sur les dangers qui menacent les réserves d'eau de la Terre et sur les solutions trouvées pour y remédier.

Si tu as obtenu de 10 à 16 points

Tu t'intéresses au sort de la Planète. Tu connais sans doute quelques-uns des dangers qui la menacent et tu agis dans la vie de tous les jours pour éviter le gaspillage ou la pollution. Si tu veux devenir le champion de la protection de la Planète, documente-toi encore plus ! Va lire le document *L'eau en danger* (pp. 88 et 89) : tu y découvriras quels dangers menacent les réserves d'eau de la Terre et quelles solutions sont trouvées pour y remédier.

Si tu as obtenu moins de 10 points

Pauvre Planète ! Elle ne peut pas compter beaucoup sur toi pour la protéger ! Sais-tu que chacun, petit ou grand, peut contribuer par des gestes simples à améliorer le sort de la Planète ? Va vite lire le document *L'eau en danger* (pp. 88 et 89) : tu y découvriras quels dangers menacent les réserves d'eau de la Terre et quelles solutions sont trouvées pour y remédier. Mieux informé, tu deviendras, toi aussi, l'ami de la Planète !

L'eau en danger

L'eau en

La population mondiale ne cesse d'augmenter et ses besoins en eau sont de plus en plus importants. La pollution et le gaspillage mettent en danger nos réserves d'eau **potable*** : économiser l'eau est devenu indispensable de nos jours !

De quoi se composent les réserves d'eau de la Terre ?

La très grande majorité de l'eau sur Terre est salée (97 %) : c'est l'eau des océans et des mers.
Hélas, elle n'est pas potable pour l'Homme. Nous ne disposons donc que de très peu d'**eau douce*** pour satisfaire nos besoins en eau. Et encore ! Une partie de celle-ci se trouve dans les glaciers !

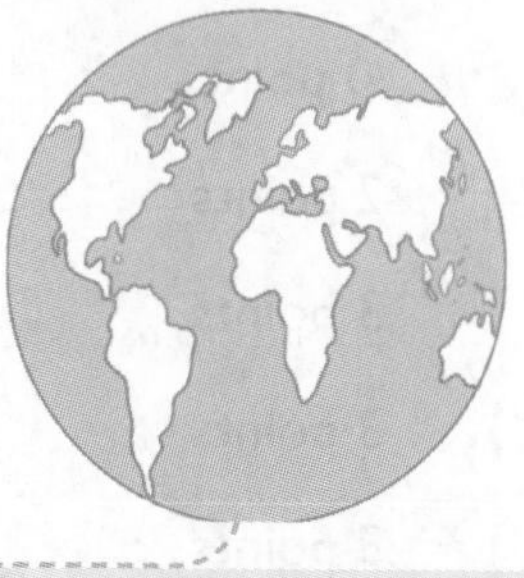

Imagine que sur 100 litres d'eau, on a :

- 97 litres d'eau salée
- 3 litres d'eau douce : 2 litres sous forme de glace et 1 litre réparti entre les **nappes phréatiques***, les lacs, les fleuves, les rivières et les nuages.

Qui consomme de l'eau et en quelle quantité ?

Combien de litres d'eau pour produire...

1kg de maïs
400 litres

1kg de coton
5 300 litres

1kg de blé
600 litres

1kg de riz
4 500 litres

Plus de la moitié de nos réserves d'eau douce est utilisée par **l'agriculture** (cultures, élevage).

Combien de litres d'eau pour fabriquer...

1kg de papier
500 litres

1kg de sucre
350 litres

1kg de matière plastique
de 1 à 2 litres

L'industrie est la deuxième consommatrice d'eau. Presque toutes les usines en ont besoin et certaines en utilisent de grandes quantités.

Incroyable mais vrai !
Il faut de 10 000 à 35 000 litres d'eau pour fabriquer une voiture !

Combien de litres d'eau utilisés pour...

prendre une douche de 5 min
60 à 80 litres

prendre un bain
150 à 200 litres

faire une lessive dans le lave-linge
35 à 65 litres

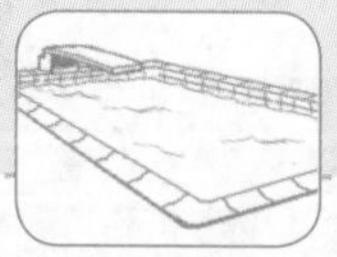

remplir une piscine privée
50 000 à 80 000 litres

Arrivent ensuite la **consommation domestique*** et la **consommation collective***.

Le sais-tu ?
De nos jours, la consommation d'eau dans le monde est quatre fois plus importante qu'en 1940 !

Lexique :

*__Consommation collective :__ *eau utilisée pour arroser les jardins publics, nettoyer les trottoirs ou remplir la piscine municipale.*
* __Consommation domestique :__ *eau utilisée par chacun pour se laver, se nourrir ou nettoyer sa maison.*
*__Eau douce :__ *eau non salée.*
*__Nappes phréatiques :__ *nappes d'eau souterraines.*
*__Potable :__ *se dit d'une eau que l'on peut consommer.*

L'eau en danger

D'où vient la pollution de l'eau ?

Les agriculteurs utilisent des produits chimiques (pesticides et engrais) pour protéger les cultures et les aider à mieux pousser. Ces produits sont utiles mais, utilisés en trop grande quantité, ils polluent les nappes phréatiques et les cours d'eau. L'eau est également souillée par les produits chimiques utilisés dans l'industrie.

Enfin, les lessives, les produits ménagers ou encore les désherbants que chacun utilise chez soi polluent l'eau, eux aussi.

Lorsque l'eau est polluée, elle ne peut plus être consommée par l'Homme et elle empoisonne les plantes et les animaux aquatiques.

Comment limiter la pollution de l'eau ?

Chacun, petit ou grand, peut limiter la pollution de l'eau. La première des règles est de ne jamais rien jeter dans les cours d'eau ou dans la mer.

À la maison, on peut agir contre la **pollution domestique** par des gestes simples : utiliser le moins possible de détergents ou encore ne jeter ni médicaments ni produits chimiques dans l'évier et les toilettes.

Mais c'est surtout en luttant contre la **pollution agricole** et **industrielle** de l'eau que l'on peut espérer améliorer les choses.

Un peu partout dans le monde, on tente de trouver des solutions. En France, par exemple, certains agriculteurs utilisent de minuscules guêpes pour éliminer les chenilles qui ravagent leurs plantations de maïs : ces guêpes détruisent les œufs des chenilles, les empêchant ainsi de se reproduire. Ce moyen naturel de protéger les cultures évite l'emploi d'insecticides chimiques, qui polluent l'eau.

Au Japon, un agriculteur a eu la bonne idée d'élever des canards dans ses rizières : ceux-ci dévorent les insectes et les mauvaises herbes qui empêchent la pousse du riz et leurs crottes servent d'engrais ! Plus besoin de pesticides ni d'engrais chimiques !

Des mesures sont également prises contre la pollution industrielle de l'eau : dans de nombreux pays, les usines sont contrôlées. Elles doivent réduire les rejets de produits toxiques dans l'eau et peuvent être sanctionnées par des amendes. En France, il existe même une « police de l'eau » ! Mais hélas, il reste encore beaucoup de progrès à faire !

La chasse au gaspillage

La pollution n'est pas le seul fléau qui menace l'eau. Pour préserver nos réserves d'eau, il faut également éviter le gaspillage. Là aussi, il existe, à travers le monde, des solutions astucieuses.

En Angleterre par exemple, tout un quartier de la ville de Beddington récupère l'eau de pluie pour l'arrosage des pelouses et le remplissage des chasses d'eau. C'est autant d'eau potable qui n'est pas gâchée !

Dans la vie de tous les jours, on peut facilement limiter le gaspillage. Il suffit de prendre quelques bonnes habitudes : préférer une douche courte plutôt qu'un bain, faire la chasse aux robinets qui gouttent. Le simple fait de fermer le robinet quand on se lave les dents permet d'économiser jusqu'à 12 litres d'eau !

Protéger l'eau du gaspillage et de la pollution est donc l'affaire de tous. Mais pour que cette protection soit efficace, elle doit être menée à la fois au niveau agricole, industriel et domestique !

47 Il suffit de chercher !

☆☆ Écris le numéro de la réponse qui convient en t'aidant du document p. 88.

n° 1 : Vrai n° 2 : Faux n° 3 : Ce n'est pas expliqué dans le document.

- Sur Terre, il y a 100 litres d'eau (97 litres d'eau salée et 3 litres d'eau douce). Réponse n°…
- Les nappes phréatiques sont des nappes d'eau souterraines. Réponse n°…
- L'industrie utilise plus d'eau que l'agriculture. Réponse n°…
- L'eau du robinet vient surtout des rivières après avoir été filtrée et traitée pour devenir potable. Réponse n°…
- On a besoin d'eau même pour fabriquer une voiture ! Réponse n°…
- On ne peut pas boire l'eau de pluie car elle n'est pas potable ! Réponse n°…

Entoure le nombre de bonnes réponses. 0 à 2 3 à 4 5 à 6

☆☆ Lis le document p. 89 puis relie chaque information au pays qui convient.

- On utilise des guêpes pour protéger les plantations de maïs. •
- On récupère l'eau de pluie pour arroser les pelouses. • • au Japon
- On a créé une police de l'eau. • • en Angleterre
- Des canards remplacent les pesticides et les engrais chimiques. • • en France
- On remplit les chasses d'eau avec de l'eau de pluie. •

Entoure le nombre de bonnes réponses. 0 à 1 2 à 3 4 à 5

☆☆☆ Complète le graphique à l'aide du document p. 88.

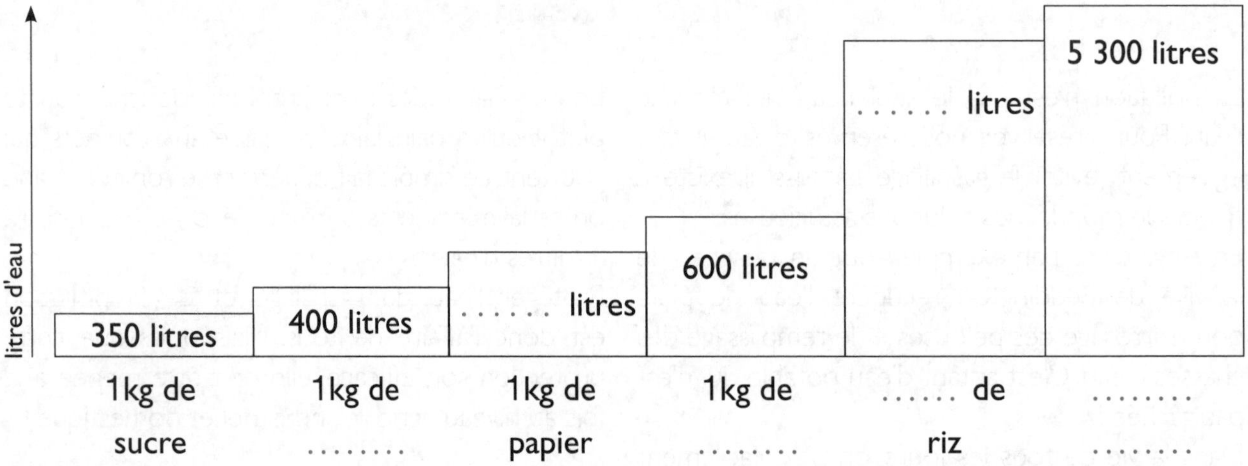

Entoure le nombre de bonnes réponses. 0 à 2 3 à 4 5 à 6

Reporte tes résultats dans la grille de suivi.

Objectif 2 : Je comprends et j'utilise les informations d'un document.

48 Des informations bien comprises

☆☆ Entoure le mot qui convient pour compléter chaque information en t'aidant du document p. 88.

- Sur Terre, il y a plus / moins d'eau salée que d'eau douce.
- On utilise plus / moins d'eau pour faire une lessive que pour prendre un bain.
- Il faut plus / moins d'eau pour cultiver du riz que pour cultiver du maïs.
- Il faut plus / moins d'eau pour remplir une piscine que pour cultiver 1 kg de coton.
- On consomme plus / moins d'eau dans le monde qu'autrefois.

Entoure le nombre de bonnes réponses. 0 à 1 2 à 3 4 à 5

☆☆ Entoure les mots en bleu qui conviennent pour compléter chaque information en t'aidant du document p. 89.

- Les pesticides et les engrais chimiques sont utiles / utilisés mais ils polluent l'eau s'ils sont produits / utilisés en trop grande quantité.
- On peut lutter contre le gaspillage / la pollution en ne jetant rien dans l'eau et en limitant l'utilisation des médicaments / des détergents.
- Pour limiter la pollution industrielle, on réduit / contrôle les usines et on leur fait payer des amendes si elles polluent l'eau mais ce n'est pas bien / suffisant.
- À la maison, on peut limiter le gaspillage / la pollution en chassant / réparant les robinets qui fuient.

Entoure le nombre de bonnes réponses. 0 à 2 3 à 5 6 à 8

☆☆ Relie chaque information au titre de l'encadré (p. 88) dans lequel on pourrait l'ajouter.

- 1 kg de pommes de terre : 590 litres •
- Faire sa toilette au lavabo : 18 litres •
- 1 kg d'acier : 500 litres •
- Tirer la chasse d'eau : de 3 à 12 litres •
- Laver une voiture : 200 litres •

• Combien de litres d'eau pour produire…
• Combien de litres d'eau pour fabriquer…
• Combien de litres d'eau utilisés pour…

Entoure le nombre de bonnes réponses. 0 à 1 2 à 3 4 à 5

Objectif 2 : Je comprends et j'utilise les informations d'un document.

Complète chaque phrase avec le mot de la liste qui convient en t'aidant des documents pp. 88-89. Attention, le même mot peut être utilisé plusieurs fois.

collective – domestique – industrielle – agricole

- Obliger les usines à diminuer leurs rejets de produits toxiques dans l'eau réduit la pollution ....
- Prendre une douche courte le matin limite le gaspillage de l'eau dans la consommation ....
- Utiliser moins de liquide vaisselle limite la pollution .... de l'eau.
- Remplacer les insecticides chimiques par des guêpes est un moyen astucieux de réduire la pollution ....
- Récupérer l'eau de pluie pour arroser les pelouses des jardins publics limite le gaspillage de l'eau dans la consommation ....

Entoure le nombre de bonnes réponses. 0 à 1 | 2 à 3 | 4 à 5

Lis ces informations supplémentaires sur l'eau puis coche la partie du document où l'on pourrait les ajouter (pp. 88-89).

L'eau qui coule aujourd'hui sur la Terre est la même qui coulait déjà à l'époque des dinosaures. Il n'y a pas d'eau qui se crée ni d'eau qui disparaît !

- ☐ Le sais-tu ?
- ☐ D'où vient la pollution de l'eau ?
- ☐ La chasse au gaspillage

Il arrive que l'on transporte des icebergs jusqu'à des pays souffrant de la sécheresse pour leur fournir de l'eau !

- ☐ La chasse au gaspillage
- ☐ Incroyable mais vrai !
- ☐ De quoi se composent les réserves d'eau de la Terre ?

* **Pesticide** : *produit chimique qui détruit les plantes ou les animaux nuisibles aux cultures.*

- ☐ D'où vient la pollution de l'eau ?
- ☐ Le sais-tu ?
- ☐ Lexique

On peut garder l'eau qui a servi à laver la salade pour arroser les plantes vertes.

- ☐ Comment limiter la pollution de l'eau ?
- ☐ Qui consomme de l'eau et en quelle quantité ?
- ☐ La chasse au gaspillage

Entoure le nombre de bonnes réponses. 0 à 1 | 2 à 3 | 4

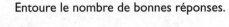

Reporte tes résultats dans la grille de suivi.

GRILLE DE SUIVI

Colorie le visage correspondant au résultat que tu as obtenu.

Bien lire les mots

	★	★★	★★★
Objectif 1			
1 Les mots mêlés			
2 Le bon son			
3 L'intrus			
4 Une recette à la noix !			
5 Toujours plus d'intrus !			
Objectif 2			
6 Jeu-thème			
7 Le même lien			
8 À la recherche du synonyme			
9 Les faux frères			
10 C'est le contraire !			
11 Les frères ennemis			
12 Un air de famille			

GRILLE DE SUIVI

Colorie le visage correspondant au résultat que tu as obtenu.

Bien lire les phrases

	★	★★	★★★
Objectif 1			
13 Les phrases mêlées			
14 Les mots pirates			
15 La bonne légende			
16 La suite logique			
17 De quoi parle-t-on ?			
18 Qui dit quoi ?			
19 La bonne situation			
Objectif 2			
20 À quelques mots près !			
21 Tout s'enchaîne			
22 Questions et réponses			
23 L'information du jour			
24 Où mettre le bon point ?			
25 Le mot mystère			
26 Qui, où, quand ?			

GRILLE DE SUIVI

Colorie le visage correspondant au résultat que tu as obtenu.

Bien lire les histoires

	★	★★	★★★
Objectif 1			
27 Le mot est dans la marge			
28 À toi de choisir !			
29 C'était quand ?			
30 C'était où ?			
Objectif 2			
31 Le bon paragraphe			
32 De qui et de quoi s'agit-il ?			
33 Drôles d'histoires !			
34 L'exercice du robot			
35 Où et quand ?			
36 Un exercice dangereux !			
37 La suite de l'histoire			

GRILLE DE SUIVI

Colorie le visage correspondant au résultat que tu as obtenu.

Bien lire les documents

	★	★★	★★★
Objectif 1			
38 À la recherche des bons ingrédients			
39 Des informations pratiques !			
Objectif 2			
40 À chacun sa consigne			
41 L'exercice de l'internaute			
42 Où est la réponse ?			
Objectifs 1 et 2			
43 Un exercice éclair ! (obj. 1)			
44 Tout s'explique ! (obj. 2)			
45 La réponse est dans le document (obj. 1)			
46 La bonne explication (obj. 2)			
47 Il suffit de chercher ! (obj. 1)			
48 Des informations bien comprises (obj. 2)			

Crédit photographique : 68 Fotolia / © Olga Nayashkova
Couverture : Arnaud Lhermitte
Conception graphique : Arnaud Lhermitte, Langage Graphique
Coordination artistique : Domitille Pasquesoone
Mise en page : Langage Graphique
Illustrations : Samuel Buquet (pp. 68 à 92), Dawid (p. 7, p. 16, pp. 23 à 67), François Foyard (p. 77), Thierry Christmann (pp. 8 à 14, pp. 17 à 22)
Édition : Fanny Mezzarobba

N° de projet : 10189899
Dépôt légal : Juin 2012
Achevé d'imprimer sur les presses de JOUVE - Mayenne
N° d'impression : 918448H

FSC
www.fsc.org
MIXTE
Issu de sources responsables
FSC® C017278